Auf den Punkt und zwischen den Zeilen

Inés Hoelter

Auf den Punkt und zwischen den Zeilen

Körpersignale im Business: Mimik, Gestik und Sprachmuster verstehen und anwenden

Inés Hoelter
Köln, Deutschland

ISBN 978-3-658-42436-7   ISBN 978-3-658-42437-4 (eBook)
https://doi.org/10.1007/978-3-658-42437-4

Die Deutsche Nationalbibliothek verzeichnet diese Publikation in der Deutschen Nationalbibliografie; detaillierte bibliografische Daten sind im Internet über http://dnb.d-nb.de abrufbar.

© Der/die Herausgeber bzw. der/die Autor(en), exklusiv lizenziert an Springer Fachmedien Wiesbaden GmbH, ein Teil von Springer Nature 2023

Das Werk einschließlich aller seiner Teile ist urheberrechtlich geschützt. Jede Verwertung, die nicht ausdrücklich vom Urheberrechtsgesetz zugelassen ist, bedarf der vorherigen Zustimmung des Verlags. Das gilt insbesondere für Vervielfältigungen, Bearbeitungen, Übersetzungen, Mikroverfilmungen und die Einspeicherung und Verarbeitung in elektronischen Systemen.
Die Wiedergabe von allgemein beschreibenden Bezeichnungen, Marken, Unternehmensnamen etc. in diesem Werk bedeutet nicht, dass diese frei durch jedermann benutzt werden dürfen. Die Berechtigung zur Benutzung unterliegt, auch ohne gesonderten Hinweis hierzu, den Regeln des Markenrechts. Die Rechte des jeweiligen Zeicheninhabers sind zu beachten.
Der Verlag, die Autoren und die Herausgeber gehen davon aus, dass die Angaben und Informationen in diesem Werk zum Zeitpunkt der Veröffentlichung vollständig und korrekt sind. Weder der Verlag noch die Autoren oder die Herausgeber übernehmen, ausdrücklich oder implizit, Gewähr für den Inhalt des Werkes, etwaige Fehler oder Äußerungen. Der Verlag bleibt im Hinblick auf geografische Zuordnungen und Gebietsbezeichnungen in veröffentlichten Karten und Institutionsadressen neutral.

Planung/Lektorat: Imke Sander
Springer Gabler ist ein Imprint der eingetragenen Gesellschaft Springer Fachmedien Wiesbaden GmbH und ist ein Teil von Springer Nature.
Die Anschrift der Gesellschaft ist: Abraham-Lincoln-Str. 46, 65189 Wiesbaden, Germany

Das Papier dieses Produkts ist recyclebar.

Geleitwort

Wahrscheinlich hat sich jeder von uns schon einmal gewünscht, erkennen zu können, ob uns jemand anlügt oder zu täuschen versucht. Sowohl im privaten als auch im Businesskontext.

Das, was der andere sagt – sagt er das nur so? Oder meint er das alles auch wirklich? Will sie wirklich kaufen, oder braucht sie nur ein Vergleichsangebot? Weiß ich jetzt alles, was für unsere Zusammenarbeit wichtig ist, oder behält die andere Seite noch etwas zurück? Kurz gesagt: Wie erkenne ich, woran ich beim anderen bin – und was mache ich am besten draus?

Wir als Sprachprofiler kommen immer dann zum Einsatz, wenn Unternehmen anonym angegriffen, bedroht oder erpresst werden. Am Privat Institut für Forensische Textanalyse überführen wir Täter anhand ihrer Sprachmuster. Auf unserem sprachwissenschaftlichen Seziertisch landen anonyme Drohbriefe, Erpresserschreiben und falsche Behauptungen. Im Auftrag von Sicherheitsbehörden und Unternehmen finden wir heraus, wer sie geschrieben hat, und bewerten die Motive hinter dem anonymen Angriff. So unterstützen wir Krisenstäbe, die Lage Stück für Stück wieder unter kontrollieren zu bringen.

Inés Hoelter überträgt einige der Methoden, mit denen auch wir arbeiten, auf berufliche und private Alltagssituationen und verrät, auf welche Muster Sie achten können, um Motive zu erkennen und die Kontrolle zu behalten. Gleichzeitig zeigt sie Techniken, mit denen in den USA, allen voran beim FBI gearbeitet wird. Damit gibt sie Ihnen kraftvolle Werkzeuge, psychologische Tricks und kommunikative Kniffe an die Hand, von denen wir einige eher für uns behalten hätten.

Das vorliegende Werk gibt Ihnen also nicht nur praxistaugliches Handwerkszeug für verschiedenste Alltags- und Berufssituationen mit, sondern absolutes Insiderwissen, was Ihnen sicherlich zahlreiche Aha-Erlebnisse bescheren wird.

Viel Spaß beim Lesen wünscht

Patrick Rottler
Sprachprofiler am Privat Institut für
forensische Textanalyse
www.sprachprofiler.de

Vorwort

Wir alle tragen Masken. Wir tragen sie, um verschiedenste Unsicherheiten zu verstecken. Zu ihnen gehören:

- Unsicherheit,
- Furcht,
- Scham,
- Wut,
- Neid,
- Bewunderung,
- Widerstand

oder auch

- verborgene Wünsche und Triebe.

Auf den folgenden Seiten zeige ich Ihnen, wie Sie die intrinsischen Motivationen Ihrer Kommunikationspartner besser verstehen und den Raum besser lesen können. Dieses Wissen können und sollten Sie in den verschiedensten

Situationen anwenden. Von privaten Treffen bis High-Stake-Negotiations sind diese Hinweise für Sie Gold wert. Wir gehen über Gesichtsmimiken und Körpergesten hin zu Sprachmustern. Anhand all dieser nonverbalen und verbalen Hinweise („Tells" – merken Sie sich diesen Begriff, er wird in diesem Buch sehr häufig auftauchen) können wir einen Blick hinter die Maske unseres Gegenübers werfen. Und somit die wirklichen Motivationen und Widerstände besser verstehen.

Aber warum sind nonverbale Kommunikation und verbale Muster so wichtig und interessant? Dazu ein paar Worte zu unserem Gehirn. Oder besser gesagt: zu unseren drei Gehirnen. Ja, wir haben streng genommen drei Gehirne: das Reptiliengehirn bzw. Stammhirn (der älteste Teil), das Säugetiergehirn bzw. das Limbische System, in dem auch die Amygdala liegt – und in dieser wiederum liegen auch unsere Emotionen –, sowie den Neokortex, also der neueste Teil und somit der „intellektuelle" Teil unseres Gehirns.

Da die nonverbale Kommunikation viel älter ist als das gesprochene Wort, ist diese so unheimlich aufschlussreich für uns. Die nonverbalen Signale kommen aus den beiden älteren Teilen unseres Gehirns. Der Neokortex ist im Generieren von Emotionen unerfahren. Zwar versuchen wir durch unseren Neokortex unser Verhalten bewusst zu steuern, das gelingt uns aber nur teilweise. Das Unbewusste, das Limbische System, ist einfach schneller. Unser Verstand, der Neokortex, kann den „Ausrutscher" zwar auffangen, aber erst einige Millisekunden später. Deshalb sind nonverbale Gesten und mimische Ausdrücke so interessant für uns. Und deswegen sprechen wir auch von einem „Slip of the Mask" oder „Mask Slip".

Nicht nur nehmen wir diese unbewusst ausgesendeten Tells intuitiv wahr, auch entscheiden wir danach, ob wir jemanden als vertrauenswürdig ansehen oder nicht. Deswegen ist nicht nur das Lesen, sondern auch das Aussenden vertrauenswürdiger Signale so ungeheuer wichtig. Wir suchen stets nach Hinweisen, die uns zeigen (sollen), dass der andere es gut mit uns meint. Warum? Weil es damals für uns überlebenswichtig war. Und damit kommen wir zum nächsten wichtigen Aspekt.

Zwar sind wir heute keine wilden Tiere mehr. Trotzdem lebt ein wildes Tier immer noch in uns. Deshalb betrachten wir den anderen bis heute erst einmal als unseren Feind. So lange, bis wir vom Gegenteil überzeugt sind. Daher ist es so wichtig, zumindest in der wertschätzenden Kommunikation, stets für Vertrauen und Sicherheit zu sorgen. Erst wenn wir Vertrauen gefasst haben, werden wir bereit sein, beim anderen „zu kaufen". Im wörtlichen wie im übertragenen Sinn. Die Wichtigkeit von Sicherheit und Vertrauen kann nicht hoch genug angesetzt werden. Haben Sie diesen Aspekt – andere sind erst dann keine Feinde mehr, wenn wir ihnen vertrauen – stets und immer vor Augen, wenn Sie mit anderen kommunizieren, diskutieren oder verhandeln. Beruflich oder privat, in Teammeetings oder Vertragsverhandlungen, in Vieraugengesprächen oder Gruppendiskussionen, in Jobinterviews oder bei Verhören. Die Hinweise, die Sie in diesem Buch bekommen, können Ihnen in vielen Situationen helfen, auch im Umfeld von Familie und Freunden. Denn sie sind universell.

Aus genau diesem Grund ist es für uns so unheimlich interessant zu lernen, wann uns jemand wohl täuscht oder gar anlügt. Auch diese Tells werden wir uns anschauen.

Es ist wichtig, zu verstehen, dass wir in der Interaktion mit unseren Mitmenschen immer nur drei Reaktionsmöglichkeiten hatten – und bis heute haben. Diese drei Reaktionsmöglichkeiten lauten:

1. Flucht,
2. Angriff,
3. Totstellen.

Oder, wie es in der englischen Sprache zu griffig gesagt wird – The three Fs:

1. Fight,
2. Flight,
3. Freeze.

Wir suchen immer nach Zeichen, um zu verstehen, ob wir unserem Kommunikationspartner vertrauen können. Sonst greifen sofort diese drei Reaktionsmuster – die in den wenigsten Fällen für eine gelingende Kommunikation sorgen. Im Gegenteil. Sie bedeuten irrationale Reaktionen, die aus einer Angst heraus entstehen. Wir fühlen uns bedroht. Der Stresslevel steigt. Und damit sind wir nicht mehr offen für Vorschläge oder Verhandlungen.

Daher sind die nonverbale Kommunikation und das Profiling so wichtig: Wir können, wenn wir die Signale bemerken und lesen, besser verstehen, was vor sich geht. Außerdem können wir schon lange vorher die Richtung von Gesprächen oder Entscheidungen ändern. „Lange vorher" bedeutet hier, lange bevor es verbal und stimmlich ungemütlich wird. Die Körpersprache hat es uns bestenfalls vorher schon gezeigt.

Dazu ist vor allem eine Qualität entscheidend: die, wie gut wir beobachten und zuhören können. Anderenfalls werden wir diese Signale übersehen und überhören.

Bevor wir anfangen

Prüfen wir zunächst unsere Sicht auf unsere Mitmenschen und erinnern wir uns an Folgendes:

Wir alle tragen Masken und wir alle sind zerbrechlich und unsicher. Wir alle haben ein Kindheitstrauma und wir alle versuchen, unser Leben so gut wie möglich zu leben. Wir alle haben unsere Kämpfe.

Wenn wir das im Hinterkopf behalten, sollte es uns leichter fallen, unserem Gegenüber freundlicher gegenüberzutreten und die Dinge nicht persönlich zu nehmen. Wenn wir Menschen und ihr Verhalten als Fakten sehen, fällt es uns leichter, mit diesen Fakten zu arbeiten, anstatt dieses Verhalten zu beurteilen. Dies ist sehr nützlich bei der Profilerstellung. Normalerweise (ver-)urteilen wir Verhalten von unseren Mitmenschen, wenn wir es nicht nachvollziehen können oder es uns seltsam vorkommt. Wir sollten von der Idee,

- dieser Mensch ist „doof", hinkommen zu
- dieser Mensch ist „anders", hinkommen zu
- dieser Mensch ist „so, wie er ist". Ein Fakt.

Denken Sie beim Profiling auch daran, dass der Kontext immer entscheidend ist. Context is key!

Wenn die Augen tränen, kann das Traurigkeit bedeuten, es kann aber auch an der Sonne liegen oder daran, dass wir unsere Kontaktlinsen zu lange getragen haben. Seien Sie sich immer der Umstände bewusst, bevor Sie entscheiden, wie Sie das spezifische Verhalten interpretieren! Never jump to conclusions!

Bedenken Sie auch, dass mindestens drei Tells, also Hinweise, gleichzeitig zu sehen sein sollten, um einen sicheren Hinweis darauf zu bekommen, dass etwas vor sich geht. Wir sprechen dann von „Cluster". Erst wenn mehrere Tells zusammenkommen und so zu einem Cluster werden, können wir recht sicher sagen, dass hier der Betroffene eindeutig von seiner „Base Line" abgewichen ist. Die Base Line bezeichnet hierbei das „normale" Verhalten einer Person. Erst wenn wir Abweichungen beobachten können, wird es interessant für uns.

Wenn wir versuchen, unseren Kommunikationspartner zu lesen, versuchen wir immer zuerst festzustellen, ob sich der Stresslevel erhöht. Das ist zunächst das Einzige, was wir mit relativer Sicherheit sagen können. Man könnte auch sagen, die erste Unterscheidung, die wir versuchen festzustellen, lautet: Behagen vs. Unbehagen beim Gegenüber.

Und last but not least: Wir alle sind verschieden. Es gibt nicht die eine Geste, die zeigt, dass jemand lügt. Es ist daher entscheidend und essenziell, dass wir die Base Line eines Menschen kennenlernen, bevor wir erkennen können, ob ein Verhalten von dieser abweicht. Denn diese Abweichungen sind es, die interessant und vielsagend für uns sind. Daher ist übrigens auch Small Talk so wichtig. Denn hier erfahren wir nicht nur etwas über das Wetter, sondern vor allem darüber, wie sich unser Gesprächspartner in einer unbedrohlichen, entspannten Situation gibt, zeigt und wie er spricht. Also: *Always remember the Base Line*!

Ein Wort noch zum Gendern und zu Political Correctness in diesem Buch. Ich gendere nicht. Wenn ich vom „Kommunikationspartner", „Kunden" o. Ä. spreche, meine ich selbstredend alle Menschen und Geschlechter. Auch erachten Sie ggf. einige Äußerungen als politisch unkorrekt. Wir sprechen hier jedoch von uralten biologischen und neurologischen Vorgängen – und unsere Natur ist alles andere als politisch korrekt.

Auch sind die hier aufgeführten verbalen und nonverbalen Hinweise diejenigen, die besonders im beruflichen Kontext aufschlussreich sind, wie etwa in Verhören, Bewerbungsgesprächen oder in politischen Diskursen.

Dieses Buch richtet sich an diejenigen von Ihnen, die bereits mit verbalen und nonverbalen Signalen vertraut sind – und nun noch tiefer einsteigen möchten. Für Anfänger ist dieses Buch weniger geeignet, da es nicht alle grundlegenden Aspekte des Auslesens von Menschen noch einmal erörtert.

Dieses Buch ist keine wissenschaftliche Abhandlung. Es soll vielmehr ein praxisorientiertes Informationswerk für Sie sein. Hinter jedem Kapitel habe ich Literaturangaben gemacht, falls Sie daran interessiert sind, hier und da noch einmal tiefer einzusteigen. Alle angegebenen Autoren und Autorinnen sind, meiner bescheidenen Meinung nach, sehr zu empfehlen. Sie kommen zum größten Teil aus den USA und haben sich über die Jahre einen Namen in den nordamerikanischen Intelligence Agencies gemacht, kommen aus der Forschung oder sind gar die Pioniere auf ihrem Gebiet, wie beispielsweise Paul Ekman mit Blick auf die Mikroexpressionen im Gesicht. In den meisten Fällen können wir jedoch nicht die eine Person ausmachen, die das eine oder andere „erfunden" hat. Einfach, weil diese Dinge nicht erfunden werden können, sondern der Natur entstammen. Sie sind über die Jahrzehnte beobachtet worden, wurden verfeinert und schließlich destilliert, damit wir diese Signale in unserer Interaktion immer besser verstehen und anwenden können. Einige Ansätze und Tipps kommen auch von mir persönlich, entsprungen aus der jahrelangen Arbeit mit meinen Klienten. Insofern ist das vorliegende Buch für Sie bestenfalls ein „bunter Strauß Blumen" bestehend aus erfolgreich erwiesenen Vorgehensweisen aus der Welt der verbalen und nonverbalen Kommunikation.

Ein Wort zu den englischen Begriffen in diesem Buch: Diese werden hier immer wieder verwendet, einfach weil die Ausdrücke aus dem Englischen bzw. Amerikanischen kommen. Menschen wie Joe Navarro, Chris Voss, Chase Hughes oder John Douglas haben sich in ihren Eigenschaften als Interrogation Instructor oder/und FBI Special Agents jahrelang mit dieser Sprache auseinandergesetzt und diese Tells studiert. Einige Ausdrücke sind mittlerweile landläufig, einige sind neu benannt.

Das alles im Hinterkopf haltend, steigen wir direkt ins Thema ein!

Ich wünsche Ihnen eine erkenntnisreiche Lektüre.

Köln
Juni 2023

Inés Hoelter

Inhaltsverzeichnis

Teil I   Nonverbale Signale

1   Das Gesicht   3
  1.1   Der Lidschlag   3
  1.2   Augenzugangshinweise   4
  1.3   Die Pupillen   6
  1.4   Der Bestätigungsblick   7
  1.5   Das Hochziehen der Augenbrauen   8
  1.6   Die Lippenkompression   8
  1.7   „Mundspiele"   9
  1.8   Lächeln   10
  1.9   Das Kinn   11
  1.10 Einseitige Signale und einseitiges Lächeln   13
  1.11 Wie wir wahre von falschen Emotionen unterscheiden können   14
  Literatur   15

2 Der Körper 17
- 2.1 Verschränkte Arme — 17
- 2.2 Die Selbstumarmung — 18
- 2.3 Die einarmige Umarmung — 18
- 2.4 Das Feigenblatt — 19
- 2.5 Schultern — 21
- 2.6 Extension und Flexion der Finger — 21
- 2.7 Arme hinter dem Rücken — 22
- 2.8 Zappeln und Streich(el)bewegungen — 23
- 2.9 Füße — 24
- 2.10 Brust- vs. Bauchatmung — 24
- 2.11 Putzgesten — 25
- Literatur — 26

3 Kontaktaufnahme zum Gegenüber und das Spiegeln 29
- 3.1 Mirroring — 30
- 3.2 Pacing — 30
- 3.3 Leading — 31
- Literatur — 32

Teil II Verbale Signale

4 Lexikalisches Spiegeln 35
- 4.1 Aufgreifen derselben Worte — 36
- 4.2 Perspektiven-Kompass — 38
- 4.3 Sinneskanäle — 40
- 4.4 Liste VAK-Vokabeln zur Feststellung der favorisierten Sinneskanäle — 42
- Literatur — 44

5 Sprachmuster, die auf Täuschungen hindeuten 45
- 5.1 Wiederholen der ganzen Frage — 46
- 5.2 Gegenfrage — 47
- 5.3 Zögern — 49

5.4	Nicht-Antworten	51
5.5	Wortsalat	52
5.6	Ausweichende Antworten	54
5.7	Verbale Distanzierung	56
5.8	Abwesenheit von Possessivpronomen und der Wechsel von Pronomen	59
5.9	Wechseln der Zeiten	60
5.10	Resume Statements	63
5.11	Komplimente und übertriebene Höflichkeit	65
5.12	Rechtfertigungen und Vielsprechen	66
5.13	(Vermeintliche) Amnesie	66
5.14	(Absichtliches) Nicht- oder Missverstehen	67
5.15	Steigende Tonhöhe	70
5.16	Erhöhte Sprechgeschwindigkeit	70
5.17	Vermeiden von Augenkontakt	70
5.18	Übersprungshandlungen	71
5.19	Versteifen	71
Literatur		72

Teil III Gesprächstechniken für Jobinterviews, Verhandlungen und Verhöre

6 Äußere Umstände 77
 6.1 Lichtsetzung 77
 6.2 Sitzpositionen 79
 6.3 Abstände und Distanzen 80

7 Charisma-Tells nutzen 83
 7.1 Fronting 84
 7.2 Nicken 85
 7.3 Lächeln 85
 7.4 Augenkontakt 86
 7.5 Die 3 As: Acceptance, Acknowledgement, Appreciation 88

	7.6	Empathie	89
	7.7	Vorlehnen	90
		Literatur	91
8	**Vertrauensfaktor Stimme**		**93**
	8.1	Die Stimme der Überzeugung	94
	8.2	Kadenzen	95
		Literatur	98
9	**Verhandlungstechniken**		**99**
	9.1	Etikettieren	100
	9.2	Chunking	102
	9.3	Wie und Was statt Warum	104
	9.4	Unerwartete Fragen stellen	105
	9.5	Die Illusion von Kontrolle generieren	106
	9.6	Das Gesetz der Reziprozität	107
	9.7	Die drei „Ja"-Arten	108
	9.8	Gedanken lesen	109
	9.9	Umgekehrte Psychologie	111
	9.10	Die Kraft des „Nein"	112
	9.11	Verlustängste nutzen	114
	9.12	(Ver)handeln	118
	9.13	Das F-Wort	119
	9.14	Komplimente	121
	9.15	Aktives Zuhören	122
	9.16	Der erste Eindruck zählt – der letzte bleibt: Positives Enden	123
		Literatur	124

Teil IV Kernkränkungen

10	**Verletzlichkeiten und versteckte Ängste**		**129**
	10.1	(Keine) Bedeutung haben	130
	10.2	(Keine) Anerkennung bekommen	130
	10.3	(Nicht) akzeptiert sein	131
		Literatur	132

11 Bewältigungsstrategien 133
- 11.1 Macht 134
- 11.2 Kontrolle 134
- 11.3 Intelligenz 135
- 11.4 Schönheit 135
- 11.5 Stärke 136
- 11.6 Opferrolle 137
- Literatur 140

Nachwort 141

Danksagung 143

Über die Autorin

Inés Hoelter ist Sprech- und Präsentationstrainerin und gleichzeitig Übersetzerin von verbalen und nonverbalen Signalen. Auf der Basis ihres mehrsprachigen Studiums (Diplom Dolmetschen/Übersetzen FH Köln) nahm Inés Hoelter Schauspielunterricht und erweiterte ihre Stimm- und Sprechkompetenzen über viele Jahre durch Unterricht bei namhaften Coaches wie Katharina Koschny oder Hendrik Martz. Gleichzeitig übernahm sie zahlreiche

Rollen in bekannten Film- und Fernsehproduktionen, wie etwa dem Kölner Tatort. Die Faszination für den gekonnten Einsatz von Stimme und Körpersignalen ist geblieben. Seit mehr als 15 Jahren trainiert Inés Hoelter nun bereits Führungskräfte auf C-Level aus dem Wirtschafts-, Medien- und Pharmabereich. Für ihre Trainingstätigkeit hat sie sich dem kongruenten Einsatz von Stimme, Sprache und Körpersignalen verschrieben, der ihren Klienten hilft, ihre Botschaften und Ansprachen glaubwürdig und überzeugend zu vermitteln. Die Ausstrahlung von Souveränität und Kompetenz ist das Resultat.

Ihre Ansätze sind dem NLP, der klassischen Sprecherziehung und Rhetorik, verschiedenen Schauspieltechniken, wie der Meisner Technique, dem Storytelling, der Gewaltfreien Kommunikation sowie der Behavior Analysis, wie sie von US-amerikanischen Profilern angewandt wird, entnommen.

Weitere Informationen zu Inés Hoelter: www.ines-hoelter.com

Teil I
Nonverbale Signale

Oft wünschen wir uns, unser Gegenüber besser lesen zu können. Wir würden damit an Souveränität gewinnen – und an Sicherheit. Und könnten viele falsche Einschätzungen oder Entscheidungen vermeiden, die vor allem auf C-Level weitreichende Konsequenzen haben. Meist gehen wir intuitiv vor. Das kann gut funktionieren – muss aber nicht. Erst wenn wir neben unserer Intuition noch fachliches Know-how mitbringen, was unsere Intuition füttert und unsere Einschätzung untermauert, erst dann können wir souverän und sicher unser Gegenüber einschätzen. Dabei helfen uns nonverbale Signale, die unser Gegenüber unbewusst und ungewollt aussendet. Schauen wir uns im Folgenden also einige relativ gut abzulesende (Mikro-) Mimiken und Gestiken an.

> **Mein Tipp**
>
> Nutzen Sie Kennenlernsituationen, Begrüßungen und den einhergehenden Small Talk unbedingt zum Kalibrieren. Hier können Sie die Base Line Ihres Gegenübers wunderbar kennenlernen. Nur so haben Sie hinterher in Verhandlungen, Jobinterviews oder Verhören die Möglichkeit, Abweichungen von ebendieser zu erkennen.
>
> Machen Sie genau das nach Möglichkeit auch nach der eigentlichen Begegnung. Wenn sich Ihr Gesprächspartner unbeobachtet fühlt, wenn der Stress von ihm abfällt, dann können wir viel Wertvolles über seinen wahren inneren Zustand erfahren!

Steigen wir also ein.

1

Das Gesicht

1.1 Der Lidschlag

Normalerweise schlagen wir etwa drei Mal pro 15 Sekunden mit dem Lid, wenn wir entspannt sind, was bedeutet, dass wir etwa 12- bis 15-mal pro Minute blinzeln (Kontext und Base Line beachten). Wenn wir besonders entspannt, interessiert und/oder fokussiert sind, können wir sogar lediglich drei Mal in der Minute mit dem Lid schlagen. Wenn der Stress steigt, und das ist die einzige Aussage, die wir zu diesem Zeitpunkt machen können, steigt die Blinkrate. Sie bemerken also einen Anstieg in der Häufigkeit des Lidschlages? Das sollte Sie aufmerksam machen.

Was machen wir nun mit diesem Hinweis? Bestenfalls bemerken Sie, über was Sie gerade gesprochen haben. Machen Sie sich also Ihre Notizen und stellen Sie weitere Fragen zu diesem Thema. Ziel sollte immer sein, besser zu verstehen, was den erhöhten Stress in dieser Situation zu diesem Thema ausgelöst hat. Wenn wir das bemerken, sollten wir also das besprochene Thema aufschreiben.

> **Beispiel**
> - A: Also, Sie sind Herr Müller, richtig?
> - B: Ja, richtig.
> - A: Und Sie interessieren sich für das Haus in München.
> - B: Ja, genau. Meine Frau und ich haben darüber gesprochen und es wäre perfekt für uns.
> - A: Okay, wunderbar. Wir sprechen also von einer Investition von zwei Millionen Euro.
> - B: Ja, genau.
> - Darf ich fragen, ob Sie es finanzieren werden?
> - B: Ja, ich habe bereits mit meiner Bank gesprochen. (Die Frequenz des Lidschlages erhöht sich.)

Der Stresslevel von Herrn Müller ist offenbar gestiegen, als er nach seiner Bank/Finanzierung gefragt wurde. Das könnte bedeuten, a) dass er noch nicht mit seiner Bank gesprochen hat oder b) dass das Gespräch nicht positiv verlaufen ist. Wir wissen es zu diesem Zeitpunkt noch nicht. Interessant ist es jedoch allemal und verdient unser „Augenmerk".

Sie, in der Rolle von A, sollten jetzt Herrn Müller weitere Fragen zu diesem Thema stellen. Das kann wichtige Hinweise liefern.

1.2 Augenzugangshinweise

Einige von Ihnen kennen sich vielleicht mit NLP (Neuro-Linguistisches Programmieren) aus. Hier wird jeder Bewegung der Augen (links unten, rechts unten, links mittig, rechts mittig, links oben, rechts oben) ein innerer Zustand zugeordnet, so auch, dass eine bestimmte Augenstellung auf Täuschung hinweist. Meiner Meinung nach sollte jedoch auch hier die Base Line entscheidend sein. Wir Menschen sind nicht linear. Wenn es so wäre, würde es bereits ein Körpersprache-Lexikon oder -Wörterbuch geben, in dem steht, welche Geste was bedeutet und wir alle wären begnadete Menschenleser. Leider ist es nicht so einfach. Was jedoch einfach ist, ist, herauszufinden, in welche Position die Augen wandern, wenn Ihr Gesprächspartner auf Erinnerungen zurückgreift. In den meisten Fällen richten sich unsere Augen bei Erinnerungen nach links oder rechts oben.

Also versuchen wir auch hier wieder herauszufinden, woher unser Kommunikationspartner normalerweise auf seine Informationen zugreift. Wenn die Augen bei dem Versuch, sich an etwas zu erinnern, nach oben rechts wandern, zeigt uns das, wohin diese Person „greift", um sich zu erinnern. Erst wenn wir eine Abweichung von diesem Verhalten sehen, wird es für uns interessant!

> **Beispiel Gespräch Polizist und Jugendlicher**
> - A: Was hast du gestern Mittag gegessen?
> - B: Ich? Ehm ... (Augen gehen nach links oben) ... Rührei, glaube ich.
> - A: Ah, okay. Und vorgestern?
> - B: Puh ... (Augen gehen nach links oben) ... Linsensuppe mit Brötchen.

Diese und ähnliche vermeintlich unerhebliche Fragen können gut gestellt werden, nicht nur, um in Kontakt mit dem Gesprächspartner zu kommen, sondern auch, damit das normale Verhalten und, in diesem Fall, die normalen Augenbewegungen beim Abgreifen von Erinnerungen abgelesen werden können.

> **Beispiel**
> - A: Okay. Lass uns also über den Abend sprechen, an dem dein Freund dich angeblich geschlagen hat. Was genau hast du getragen, als das alles passiert ist?
> - B: Was genau ich getragen habe, als das passiert ist? (Augen bleiben auf dem Polizisten haften). Ich war in meinem Schlafzimmer. Und ich habe ein rosa Hemd mit weißer Hose getragen.

Abgesehen von verbalen Abweichungen können wir eine Abweichung der Augenbewegung beobachten. In den Fällen, in denen die Augen beim Erinnern nach oben gingen, ruhen die Augen in diesem speziellen Fall auf dem Polizisten. Das „Zuhause der Augen" hat sich verschoben.

Dieser Hinweis ist interessant. Auch dieses Mal sollte der Polizist, wenn es ihm aufgefallen ist, weitere detaillierte Fragen zum Abend bzw. zu der Kleidung stellen. Bestenfalls gesellen sich noch weitere Abweichungen in der Base Line dazu, so dass wir weitere Tells haben, die ggf. auf eine Täuschung hinweisen können.

1.3 Die Pupillen

Die Pupillen sind ziemlich schwer zu beobachten, besonders bei dunklen Augen. Wenn wir jedoch Pupillenbewegungen sehen können, sind sie sehr aufschlussreich. Ein Zusammenziehen der Pupillen steht für Ablehnung, ggf. sogar Wut. Wenn wir positiv stimuliert werden, erweitern sich unsere Pupillen. Hier ist es besonders wichtig, noch einmal den Kontext zu bedenken. Im hellen Licht ziehen sich unsere Pupillen automatisch zu. Auch sollte, bevor wie Rückschlüsse ziehen, kontrolliert werden, ob Drogen konsumiert wurden. Dies wäre vor allem für die polizeiliche Arbeit wichtig. Ansonsten können wir hier sehr gut sehen, wer uns freundlich und weniger freundlicher gesinnt ist.

1.4 Der Bestätigungsblick

Sie wollen verstehen, wer die High-Status-Person in einer Runde ist? Dann halten Sie nach dem „Bestätigungsblick" Ausschau!

Beim Zusammensein mit anderen geht es immer um Machtspiele. Je höher der Rang, desto mehr wollen die Menschen in der Umgebung die Zustimmung dieser hochkarätigen Person haben. Achten Sie also auf den Bestätigungsblick. Schaut jemand den anderen an, bevor er spricht (d. h. „Darf ich sprechen?") oder danach („War es in Ordnung, was ich gesagt habe?")? Dann ist dieser „Andere" eindeutig der Ranghöhere. Wir holen uns mit diesem Blick die Erlaubnis ein, zu sprechen. Besonders schön und einfach ist dies bei Paaren zu beobachten. Bereits hier können wir viel über die Beziehungsdynamik ablesen.

Den Confirmation Glance werfen wir unbewusst und intuitiv dem Ranghöheren zu (oder der Person, die wir dafür halten und deren Einverständnis uns wichtig ist). Und auch wenn wir uns mit Körpersprache und nonverbaler Kommunikation intensiv auseinandergesetzt haben, fällt es uns schwer, diesen Impuls zu unterbinden. Der Körper lügt eben nie.

Was tun mit diesen Informationen? Nun, wenn Sie verhandeln, sprechen Sie mit der hochrangigen Person. Er/sie entscheidet am Ende.

Eine Ausnahme gibt es jedoch: Sprechen Sie mit Paaren immer mehr mit dem gleichen Geschlecht. Wenn Sie also eine Frau sind, schauen Sie beim Sprechen mehr die Frau an, Männer schauen mehr die Männer an. Zu schnell kommt es ansonsten zu Animositäten.

1.5 Das Hochziehen der Augenbrauen

Machen Sie einmal ein wütendes Gesicht! Sie werden sehen, dass Ihre Augenbrauen nach unten gehen. Bei Wut gehen unsere Augenbrauen in der Mitte nach unten. Um also unseren Mitmenschen zu zeigen, dass wir *nicht* wütend sind, ziehen wir unsere Augenbrauen blitzartig nach oben. Wir machen das beispielsweise, um jemanden nonverbal zu grüßen. Wir zeigen damit, dass wir den anderen wahrnehmen und (an-)erkennen. Natürlich ist unser restliches Gesicht dabei entspannt und freundlich. Andernfalls kann das Hochziehen auch Ungläubigkeit bedeuten. Doch wenn wir dabei freundlich schauen, ist es ein positives Zeichen und zeigt Sympathie und Anerkennung für die andere Person. Zieht Ihr Gegenüber beim Sprechen die Augenbrauen nach oben, möchte er so dem Gesagten noch einmal nonverbal Bedeutung beimessen. Beobachten Sie sich einmal selbst. Sie selbst machen das sicherlich auch.

Wenn Sie also ein Aufblitzen der Augenbrauen bemerken, sei es als Begrüßung oder als Mikroausdruck, ist dies zunächst als positives Zeichen zu werten.

1.6 Die Lippenkompression

Die Lippenkompression, das Zusammenpressen der Lippen, ist für den Menschen die erste Form, „Nein" zu sagen. Wir sehen Lippenkompression bei Babys. Auf diese Weise zeigen sie uns, dass sie das Essen, das wir ihnen anbieten, nicht wollen. Die Lippenkompression ist also ein Tell, der uns zeigt, dass wir Meinungen oder Einwände zurückhalten. Wenn Sie Lippenkompressionen sehen, versuchen Sie, den Widerstand zu verstehen. Worüber wurde gesprochen? Versuchen Sie herauszufinden, was die Skepsis hervorgerufen hat.

> **Beispiel**
> - A: Gefällt Ihnen dieses Auto?
> - B: Ja, es ist toll. (B presst seine Lippen zusammen)

Sie können so gut wie sicher sein, dass B das Auto nicht kauft. Das Warum können wir zu diesem Zeitpunkt noch nicht festlegen, doch eindeutig gibt es hier innere Widerstände. Wenn Sie diese Mimik jedoch rechtzeitig wahrnehmen, gibt Ihnen das wiederum die Möglichkeit, den Kaufprozess doch noch zu Ihren Gunsten zu drehen. Worin ist der Widerstand bei B begründet? Versuchen Sie, gute Fragen zu finden. Sind es Sicherheitsaspekte oder schlicht und einfach der Preis?

1.7 „Mundspiele"

Sie sprechen mit einem Kunden und er führt seinen Stift zum Mund und kaut darauf herum? Dann sucht Ihr Kunde nach Bestätigung und Absicherung. Eingefügte Gegenstände wie Bleistifte, Kugelschreiber, Zigaretten, Haare (Damen), Ketten (Damen), Finger oder Lippen können zeigen, dass Ihr Gesprächspartner noch unsicher ist, was er tun soll. Vor allem, wenn er Sie nicht anguckt. Wenn Sie dieses Verhalten beobachten, bedeutet dies, dass Sie noch Arbeit vor sich haben. Ihr Kommunikationspartner ist noch nicht überzeugt. Sie könnten versuchen, für mehr Transparenz zu sorgen. Haben Sie noch weitere Informationen, die Sie Ihrem Gesprächspartner mitgeben können? Drehen Sie also eine Extrarunde.

Frauen zeigen dieses Verhalten noch in anderen Zusammenhängen: Objekte in den oder zum Mund zu führen, verbunden mit einem intensiven Augenkontakt, stellt eine Flirtgeste dar.

1.8 Lächeln

Sicherlich ist Lächeln DAS Zeichen, welches wir weltweit unmissverständlich verstehen. Es steht für Kontaktaufnahme und Freundlichkeit. Zumindest, wenn es kein Fake Smile ist.

Wir unterscheiden zwischen einem echten Lächeln, einem künstlichen oder professionellen Lächeln und einem falschen Lächeln (Fake Smile oder Duper's Delight).

Wenn jemand Sie anlächelt und Sie nicht sicher sind, welche Qualität das Lächeln hat, konzentrieren Sie sich auf die Augen. Lachen die Augen mit, ist es ein echtes Lächeln. Und das ist natürlich immer ein gutes Zeichen.

Ein künstliches oder professionelles Lächeln ist das Lächeln, das wir in sozialen Situationen verwenden. Wir sehen es bei Prominenten, wenden es aber auch selbst in vielen gesellschaftlichen Situationen an. Denn, wie bereits beschrieben, ein Lächeln steht für Kontaktbereitschaft und Freundlichkeit. Auch bei Flugbegleitern sehen wir dieses Lächeln oft. Sie sind sicherlich nicht immer in der Stimmung zu lächeln, tun es aber trotzdem. Wir betrachten das künstliche Lächeln als professionell. Mit Täuschung hat das nichts zu tun.

Verwechseln Sie dieses künstliche Lächeln daher nicht mit einem falschen Lächeln. Ein falsches Lächeln „stoppt" in der oberen Gesichtshälfte. Es kann auch ein einseitiges Lächeln sein, ein Smirk (Duper's Delight oder auch Duping Delight). Es kommt einem unterdrückten

Lächeln gleich, bei dem sich nur ein Mundwinkel nach oben zieht. Wenn Sie dies beobachten, sollte das ein Warnsignal für Sie sein. Ein einseitiges Lächeln steht für Verachtung, Widerspruch oder Geringschätzung. Es kommt meist mit einem lauten Ausatmen durch die Nase. Wenn es ohne Ausatmen zu beobachten ist, soll es bestenfalls den eigenen Hochstatus signalisieren. Beachten Sie auch hier wieder unbedingt die Base Line. Wir alle haben asymmetrische Gesichter. Ein Lächeln kann also auch von Natur aus schief wirken. Beim Fake Smile bleibt jedoch die andere Hälfte des Mundes so gut wie unbeteiligt. Wie übrigens das restliche Gesicht auch. Schauen Sie genau hin und seien Sie vorsichtig.

> **Ein Wort zu Botox-Behandlungen**
>
> Heutzutage müssen wir mit in Betracht ziehen, dass unser Gegenüber sich ggf. mit Botox hat behandeln lassen. Das macht es schwieriger bis unmöglich, echte Emotionen sauber abzulesen. Da bei Botox vor allem die Augenpartien („Krähenfüße") und Stirnregionen (Quer- und Zornesfalte) behandelt werden, können viele Gefühlsäußerungen wie Überraschung und „echtes Lächeln" nicht mehr „adäquat" generiert werden – wegen der Lähmung der entsprechenden Muskelpartien. Experimente haben gezeigt, dass sogar Babys und kleine Kinder Schwierigkeiten haben, die Gefühle ihrer Eltern abzulesen. Haben Sie diesen Aspekt also mit im Hinterkopf.

1.9 Das Kinn

Das Kinn ist eines meiner liebsten Gesichtsregionen, können wir doch anhand der Kinnstellung sehr viel Interessantes bei unserem Gegenüber ablesen. Schieben wir den Kopf zurück, bei einer bestimmten Frage oder Konfrontation mit einem bestimmten Sachverhalt, und machen so quasi ein Doppelkinn, fällt diese Gestik unter die Turtelling Gestures, also die Rückzugsgestiken. Diese Gestiken und Mimiken zeigen wir gerne, wenn wir der Situation entkommen wollen (Kopf zieht sich zwischen die Schultern) und/oder uns unwohl fühlen in der Situation. Mit einem zurückgezogenen Kinn schützen wir immerhin unsere Kehle, eine sehr empfindliche Stelle. Wir zeigen mit einem zurückgezogenen Kinn auch Skepsis und Ungläubigkeit, vor allem, wenn die Augen einen fragenden Blick annehmen und die Augenbrauen sich verziehen.

Im Gegensatz dazu steht das erhobene Kinn. Wir sagen auch gerne im Volksmund „hochnäsig" dazu. Denn genau das passiert, wenn wir unser Kinn anheben. Die Nase geht ganz automatisch mit nach oben. Und tatsächlich ist diese Geste eine Hochstatusgeste. Wir wirken automatisch arroganter und angriffslustiger. Zweiteres deuten wir intuitiv richtig, da unser Gegenüber durch sein hoch erhobenes Kinn seine Kehle frei zeigt (ganz im Gegensatz zum Fall oben). Wir zeigen also unserem Gegenüber damit nonverbal: Ich habe keine Angst vor dir, ich traue mich, dir meine Kehle darzubieten, denn du bist für mich keine Gefahr. Wir sehen diese Geste sehr schön vor Schlägereien bzw. bei verbalen Auseinandersetzungen. Die Brust wird breit gemacht, das Kinn geht hoch, der Kopf nach vorne.

Subtil angewandt können Sie ein höher gestelltes Kinn sehr gut nutzen, wenn Sie Probleme haben, ernst genommen zu werden. Sie wirken, wie beschrieben, sofort arroganter und damit wie jemand, mit dem nicht „gut Kirschen essen" ist. Beobachten Sie dieses Verhalten bei Ihrem Gegenüber, fühlt sich dieses Ihnen offenbar überlegen. Mit anderen Gesten kann es schnell verächtlich wirken. Seien Sie also auch hier aufmerksam, wie Ihr Gegenüber wirklich zu Ihnen steht.

1.10 Einseitige Signale und einseitiges Lächeln

Apropos „verächtlich": Kommen wir noch einmal auf den Smirk zurück: Generell sind einseitige nonverbale Signale nicht wirklich vertrauenserweckend. Am häufigsten sieht man diese Signale anhand eines einseitigen Schulterzuckens – oder eben eines einseitigen Lächelns. Wenn Sie diese Zeichen sehen, seien Sie vorsichtig. Warum? Unser Limbisches System hat Millionen von Jahren Erfahrung mit dem Ausdrücken von Emotionen. Daher sind unsere natürlichen und authentischen Ausdrücke von Emotionen fast immer symmetrisch. Falsche Ausdrücke von Gefühlen neigen dazu, in einer Gesichts- oder Körperhälfte mehr Muskelspannung zu haben als auf der anderen. Dies liegt daran, dass diese „falschen Ausdrücke" im Neokortex gebildet werden. Und dieser ist ziemlich unerfahren darin, Emotionen zu generieren. Wenn wir versuchen, Emotionen absichtlich – also mit Vorsatz – zu generieren, kommen sie aus dem Neokortex. Daher gelingen uns diese Mimiken nicht wirklich gut. Heraus kommen dabei, wie oben beschrieben, meist unsymmetrische Mimiken und Gestiken. Bedenken Sie jedoch auch hier wieder: Never jump to conclusions! Auch hier ist wieder die Base Line Ihr Ausgangspunkt. Wenn Ihr Gegenüber sowieso einen schiefen Mund hat (und wir haben fast alle schiefe Gesichter), wird auch das Lächeln schief sein. Wenn jedoch das Lächeln „normalerweise" recht symmetrisch ist und bei einem bestimmten Thema, nach einer Verhandlung oder während eines Verhörs auffällig schief wird, ist das Lächeln nicht echt. Schlimmer noch: Gerade beim schiefen Lächeln, dem Smirk, haben wir es mit dem Gefühl der Verachtung zu tun. Verachtung ist für uns insofern sehr wichtig zu erkennen, als dass Verachtung die einzige Emotion ist, die nicht mit der Zeit wieder abflacht.

Im Gegenteil: Sie wird mit der Zeit eher schlimmer. Seien Sie also hier auf der Hut beziehungsweise erkennen Sie an, dass Ihr Gegenüber Sie offenbar verachtet, und beziehen Sie diese Erkenntnis in Ihre Überlegungen und Entscheidungen ein! Dasselbe gilt übrigens auch für eine einseitig hochgezogene Oberlippe. Es muss nicht unbedingt mit einem Lächeln einhergehen.

> **Beispiel**
>
> Mutter A kommt ins Wohnzimmer und befragt Kind B
> - A: Wer hat denn den ganzen Kuchen aufgegessen?
> - B: … weiß ich nicht … (steigende Kadenz beim Sprechen, eine Schulter geht hoch)
>
> A wird sich sicher sein, dass B etwas mit dem Verschwinden des Kuchens zu tun hat. Wenn nun noch weitere Tells wie Erröten und Unterbrechen des Augenkontakts (oder gar Vermeiden desselbigen) dazukommen, haben wir direkt mehrere Hinweise.
>
> Ein weiteres Beispiel:
> - A: Wie gehen Sie damit um, dass Sie den Prozess verloren haben?
> - B: So ist das, wenn wir als Frauen uns der Macht entgegenstellen. Ich war eben nicht das perfekte Opfer (Hohes Kinn, schiefer Mund, abschätziger Blick).
>
> Diese drei Tells werden zu einem aufschlussreichen Cluster und zeigen uns, dass viel Wut gemischt mit Verachtung bei der Verurteilten vorhanden ist. Diese Emotionen sind insofern interessant, als dass Trauer die naheliegende und damit schlüssigere Emotion wäre.

1.11 Wie wir wahre von falschen Emotionen unterscheiden können

Neben den oben erwähnten Unterschieden von echten zu unechten Emotionen, wie etwa (A-)Symmetrie oder ein „(Nicht-)Mitlachen der Augen" beim Lächeln, gibt es noch weitere Möglichkeiten, echte von falschen Emotionen zu unterscheiden.

Wie bereits beschrieben, werden echte Emotionen im Limbischen System gebildet. Diese steigern sich langsam und ebben ebenso langsam wieder ab. Denken Sie an ein herzhaftes Lachen. Wir steigern uns und wenn wir uns wieder beruhigt haben, ebbt das Lachen zu einem Lächeln ab, bevor wir schlussendlich wieder ernst(er) sind.

Bei falschen Emotionen (die im Neokortex gebildet werden, welcher wiederum unerfahren mit Emotionen ist) machen wir den Fehler, dass wir (zu) schnell in eine Emotion verfallen und diese schlagartig wieder verlassen. Oft können wir das bei einem falschen Lächeln beobachten. Sobald sich die Person von Ihnen weggedreht hat und sich unbeobachtet fühlt, fällt das Lächeln vom Gesicht ab. Hier können wir also sicher sein, dass die Emotion nicht echt war.

Merke: *Fade vs. Stop.*

Literatur

Ekman, P. & Friesen, W. V. (2003). Unmasking the Face. A guide to recognizing emotions from facial expressions. Malor Books.

Hughes, C. (2020). Six-Minute X-Ray. Rapid Behavior Profiling. Evergreen Press.

Navarro, J. & Karlins, M. (2008). What everybody is saying. An Ex-FBI Agent's Guide to Speed-Reading People. William Morrow Paperbacks.

Sripada, C. & Goldman, A. (2005). Simulationist Models of Face-Based Emotion Recognition. Cognition.

Van Edwards, V. (2018). Captivate. The Science of Succeeding with People, Penguin.

2

Der Körper

2.1 Verschränkte Arme

Wenn es um Körpersprache geht, ist das Beispiel der verschränkten Arme besonders beliebt. Was der öffentlichen Meinung nach Verachtung und Desinteresse bedeutet, bedeutet in Wahrheit erst einmal gar nichts.

Denken Sie auch hier an die Base Line eines Menschen. Verschränkte Arme sind und können sehr gemütlich für uns sein. Vor allem beim Zuhören machen die allermeisten von uns diese Geste mit ihren Armen.

Interessant wird es, wenn Sie eine Abweichung der Base Line beobachten. Ihr Gesprächspartner war bis jetzt sehr offen mit seinen Gesten und auf einmal verschränken sich seine Arme? Das ist aufschlussreich. Achten Sie auf den Kontext! Über was haben Sie gesprochen? Offenbar ist der Stresslevel bei Ihrem Gegenüber gestiegen. Versuchen Sie, das „Warum" herauszufinden.

Abgesehen davon ist es für uns und unsere Zwecke viel interessanter, die Variationen von verschränkten Armen unter die Lupe zu nehmen. Wenn wir nämlich verschränkte Arme mit angespannten Fingern oder gar Fäusten sehen, sollten wir vorsichtig sein, da es Anspannung und/oder Aggression anzeigt. Versuchen Sie erneut, das Thema zu ergründen, was die Anspannung provoziert hat. Und vor allem: Versuchen Sie, die Person zu „öffnen". Erst wenn sie diese Position verlassen hat, kann das Gespräch konstruktiv weitergehen.

2.2 Die Selbstumarmung

Sie können dieses Verhalten oft bei jungen Mädchen beobachten. Eine Selbstumarmung ist leicht zu erkennen, da wir uns tatsächlich selbst umarmen, indem wir unsere Handflächen an unsere Seiten legen. Diese Geste ist also streng genommen kein Verschränken der Arme. Ferner ist es ein Zeichen von Unsicherheit und/oder fehlenden Selbstvertrauens.

Versuchen Sie, Ihrem Gesprächspartner zu helfen, sich besser zu fühlen. Sie könnten entweder das „Spiegeln" versuchen oder aber etwas anbieten, damit die Person diese Haltung verlassen muss (z. B. fragen Sie sie, ob sie Ihnen eine Flasche Wasser reichen kann). Gesten funktionieren nämlich in beide Richtungen. Das Gehirn folgt dem Körper und umgekehrt.

2.3 Die einarmige Umarmung

Eine Geste mit ähnlichem Hintergrund ist die „einarmige Umarmung" (Single Armwrap). Auch diese können wir vor allem bei Mädchen und jungen Frauen beobachten.

Hier wird mit einer Hand der Unterarm des anderen Arms gegriffen. Der Arm wiederum hängt vor unserem Körper runter. Es ist sozusagen eine weibliche Variante des „Feigenblatts", denn es versteckt bzw. schützt unsere Genitalien. Diese Geste steht daher ebenfalls für Unsicherheit oder das Gefühl, bedroht zu werden.

2.4 Das Feigenblatt

Dies ist die „männliche Variante" des Single Armwrap. Wenn Sie Männer dabei beobachten, wie sie ihre Hände vor ihren Geschlechtsteilen positionieren, wissen Sie, dass Ihr Gesprächspartner nicht so sicher ist, wie er sich vielleicht zeigen möchte. Geschlechtsteile hinter den Händen zu verstecken, zeigt Unsicherheit, Verletzlichkeit und/oder das Gefühl, bedroht zu werden. (Das Gegenteil wäre die Wortschöpfung „Manspreading", bei dem Männer ihre Beine spreizen und so ihre Geschlechtsteile „darbieten"). Bei dieser Geste werden beide Hände schützend vor die Genitalien positioniert. Sie kennen diese Geste von Fußballspielern bei einem Freistoß. Auch bei Security-Personal bzw. Türstehern können wir diese Position sehen: breitbeiniger Stand mit den Händen vor den Geschlechtsteilen. Wo diese Gesten in diesen Situationen bzw. in diesen Eigenschaften durchaus Sinn ergeben, sind sie in normalen Gesprächssituationen eher unsinnig. Doch nur vordergründig. Denn offenbar sieht Ihr Gesprächspartner Sie unbewusst als Bedrohung und verspürt (unbewusst) das Gefühl, sich schützen zu müssen. Ihre Arbeit auch hier wieder: Versuchen Sie, Vertrauen herzustellen, wenn Sie eine Unterhaltung auf Augenhöhe führen möchten. Wenn Sie sich gerade in Machtspielen befinden, ist dies ein „gutes Zeichen" für Sie, dass Sie offenbar als der Ranghöhere angesehen werden. Je nachdem, was Ihr Ziel ist, belassen Sie diese Geste oder Sie antworten mit Spiegeln, Pacen und Leaden, um Ihren Gesprächspartner in eine andere Position zu bringen. Zum Thema Pacen und Leaden werden wir später noch ausführlicher zu sprechen kommen.

Alle diese Schutzhaltungen, also Single Armwrap, Self-Hug und Fig Leaf stehen für Unsicherheit. Sie sollten sie also bestenfalls wahrnehmen und wenn möglich auflösen. Wenn wir uns bedroht fühlen, werden wir „nichts kaufen". Im eigentlichen als auch übertragenem Sinne. Wir sind nämlich im Fight-or-Flight-Modus. Und dieser Modus ist nicht förderlich für eine fruchtende Unterhaltung.

Das Gute für Sie: Hände, die Richtung Genitalien wandern, um diese zu schützen, sind immer wertvolle Hinweise für Sie. Diese Gesten können sowohl im Stehen als auch im Sitzen vorgenommen werden. Sie zeigen Ihnen immer Verunsicherung bei Ihrem Gegenüber.

> **Szenarien**
>
> 1. Sie befinden sich in einer Verhandlung. Während Sie über die Bedingungen sprechen, erwähnen Sie, dass die Regierung des Landes neue Baugesetze und -vorschriften einführen wird. Als Sie dies erwähnen, beobachten Sie, dass die Hände vom Tisch in Richtung der Genitalien wandern.
> 2. Ein Therapeut A spricht mit seinem depressiven Patienten B. Während er die Beziehung zu Bs Mutter erwähnt, legen sich die Hände des Patienten B vor die Genitalien. Wenn A ein guter Therapeut ist, weiß er nun, dass er mehr Fragen zu diesem Thema stellen sollte.
> 3. Sie sind Personalchef und führen ein Bewerbungsgespräch mit einer jungen Frau. Alles läuft gut, bis Sie sie fragen, warum sie ihren vorherigen Arbeitgeber verlassen hat. Sie erzählt Ihnen: „Alles war in Ordnung, ich brauchte nur eine Veränderung." Als sie mit ihrer Aussage beginnt, beobachten Sie, wie sich ihr Arm über ihren Unterbauch legt und ihr Arm sanft ihren Unterarm umfasst. Sie haben den Genitalschutz erkannt – und sollten hier geschickterweise noch ein paar Fragen zu diesem Sachverhalt stellen.

2.5 Schultern

Wie weiter oben bereits erwähnt, können Schultern uns viel verraten. Wenn wir etwas nicht wissen, neigen wir dazu, mit den Schultern zu zucken. Es zeigt Unterwerfung, eine Entschuldigung oder einfach nur fehlende Informationen. Zumindest, wenn wir beide Schultern hochziehen. Normalerweise zeigen wir gleichzeitig unsere Handflächen. Dies wird als Zeichen eines aufrichtigen Mangels an Wissen angesehen. Wenn wir jedoch ein einseitiges Schulterzucken beobachten, sollten wir aufhorchen! Einseitiges Schulterzucken zeigt uns einen Mangel an Engagement. Wie bereits oben besprochen, sind einseitige Bewegungen generell mit Vorsicht zu genießen. Sollten Sie also diese Geste bei einem heiklen Thema bemerken, drehen Sie rhetorisch am besten eine Extrarunde.

Generell steht ein Schulterzucken für „ich ... nicht". Füllen Sie die Lücke, je nach Kontext, mit will, kann, glaube. Es kann bedeuten, dass jemand nicht Ihrer Meinung ist, nicht willig ist, zu kooperieren, oder schlichtweg etwas nicht weiß. Haben Sie hier immer das „Nicht" im Hinterkopf und überlegen Sie, was bei Ihrem Gegenüber die Motivation für das Schulterzucken sein könnte.

2.6 Extension und Flexion der Finger

Alle Rückzugstendenzen zeigen Skepsis und eben ... Rückzug. Wir möchten uns verstecken, wir wollen nicht mehr von unserem Körper zeigen als nötig. Wie eine Schildkröte oder Schnecke ziehen wir uns zurück. Deswegen werden diese Gesten, wie weiter oben bereits beschrieben, auch Turtelling Gestures genannt. Dies kann mit unseren Schultern (Kopf „verschwindet" zwischen hohen Schultern), mit unseren Beinen (z. B. Beine unter dem Stuhl verstecken) oder unseren Fingern geschehen. Dies wird Digital Flexion genannt.

Wenn wir unsere Finger zeigen, wenn wir sie ausstrecken, sind wir entspannt und selbstbewusst, wir fühlen uns nicht bedroht.

Die digitale Flexion, also das Zusammenziehen der Finger, zeigt das Gegenteil. Es zeigt Uneinigkeit, Zweifel, Stress oder sogar Wut oder Angst.

Die Finger sind also ein guter Indikator bei Gesprächen. Was auch immer das Thema ist, es ermöglicht Ihnen, Ihre Anhänger oder Ihre Gegner leicht zu identifizieren.

> **Szenario**
> 1. Wenn Sie Ihr Preisangebot nennen, sehen Sie bei einigen Personen, wie die Finger sofort verschwinden und bei anderen, wie die Finger ausgestreckt auf dem Tisch bleiben. Jetzt wissen Sie, wer was von Ihrem Angebot hält.
> 2. Bei der Erklärung eines Vertrages zeigt ein Kunde im selben Moment das Verstecken seiner Finger. Sie identifizieren dies und fragen, ob Sie ein wenig erklären dürfen, worum es bei diesem Vertrag geht (d. h., Sie versuchen Vertrauen durch Transparenz zu schaffen).

2.7 Arme hinter dem Rücken

Die Arme hinter den Rücken zu legen ist beliebt, vor allem bei älteren Herren. Einige Experten sagen, es zeige, dass die betreffende Person nicht berührt werden möchte. Gleichzeitig bin ich der Meinung, dass es ein hohes Maß an Selbstwertgefühl zeigt. Warum? Nun, da der Mensch nicht mehr auf allen vieren läuft, haben wir „heute" unseren Bauch freigelegt. Der Rippenkäfig schützt unsere inneren Organe nicht mehr wirklich. Wenn wir mit unseren Armen hinter unserem Rücken gehen, zeigt dies ein hohes Maß an Selbstvertrauen und Mangel an Angst. Daher ist es meiner bescheidenen Meinung nach eine Hochstatus-Geste. Auch hier ist natürlich wieder die Base Line entscheidend. Viele Menschen zeigen diese Geste aus demselben Grund, warum andere die Arme verschränken: aus Gemütlichkeit.

2.8 Zappeln und Streich(el)bewegungen

Wer kennt sie nicht, die Geschichte vom Zappelphilipp? Oder das heutzutage des Öfteren anzutreffende, wenngleich streitbare, Phänomen ADHS? Beides hat mit einem Überschuss an Adrenalin zu tun.

Zappeln bedeutet, die gleichen sich wiederholenden Bewegungen mit den Händen oder Beinen auszuführen. Es tritt auf, wenn wir, wie bereits gesagt, einen hohen Adrenalinspiegel haben. Und diesen wiederum haben wir aus verschiedensten Gründen. Welcher Grund auch immer zugrunde liegt: Adrenalin ist immer ein Stresshormon. Wir schütten es aus, wenn wir in einem Flight-, Fight- oder Freeze-Modus sind, um uns zu beruhigen, um uns aufmerksam bleiben zu lassen oder um uns schnell reagieren zu lassen. Sowohl Zappeln als auch Streichelbewegungen über Unterarme oder Oberschenkel zeigen uns einen erhöhten Adrenalinspiegel und damit erhöhten Stresspegel an. Diese Bewegungen zeigen wir, wenn wir nervös und ungeduldig sind. Sei es, weil wir überfordert (Angst, Stress) oder auch unterfordert (Langeweile) sind. So oder so ist es kein positiv besetztes Zeichen.

Wenn Sie also ein solches Verhalten beobachten, kann es sein, dass Ihr Kommunikationspartner entweder aufgeregt oder gelangweilt ist. Hier ist es wichtig, das Thema im Auge zu behalten, über das Sie gesprochen haben, als Sie dieses Verhalten beobachtet haben. Entscheiden Sie ferner, ob Sie das Gespräch kurz halten, vertagen oder vorschlagen, sich gemeinsam „die Beine zu vertreten".

2.9 Füße

Der ehrlichste Teil unseres Körpers sind die Füße. Experten vermuten, dass dies daran liegt, dass die Füße vom Gehirn am weitesten weg sind. Demnach wurden wir dazu erzogen, unser Gesicht zu kontrollieren – unsere Füße jedoch nicht so sehr. Wenn Sie also beobachten, dass jemand schon „mit den Füßen weg" ist, indem er mit ihnen auf die Ausgangstür zeigt, beginnen Sie bitte kein wichtiges Thema mehr. Der Fokus ist nämlich ebenfalls schon weg.

2.10 Brust- vs. Bauchatmung

Wir können Verhaltensänderungen auch erkennen, indem wir das Atemmuster beobachten. Wenn wir entspannt sind, neigen wir dazu, in unseren Bauch zu atmen. Unsere Bauchdecke hebt und senkt sich. Wir können dies besonders bei schlafenden Babys beobachten. Die Brustatmung zeigt ein gewisses Maß an Stress und Angespanntheit.

Die Brustatmung ist nicht wirklich natürlich bzw. normal, obwohl wir sagen müssen, dass sie in unserer modernen Zeit normal geworden ist. Wenn wir von

„normal" sprechen, wird die Brustatmung richtigerweise nur im Kampf- oder Fluchtmodus angewendet. Wenn Sie also eine schwere Brustatmung beobachten, können Sie sagen, dass die andere Person gestresst zu sein scheint. Wenngleich unnatürlich, aber dennoch normal heutzutage, könnte es auch nur sein normales Atemmuster sein (denken Sie auch hier wieder an die Base Line).

Wenn Sie jedoch versuchen, eine Person zu lesen, sollten Sie versuchen, Veränderungen in den Atemmustern herauszufinden. Wenn jemand von der Bauch- zur Brustatmung wechselt, ist das interessant für uns: Irgendetwas stimmt nicht. Irgendetwas hat den Stresslevel unseres Kommunikationspartners erhöht. Wenn es in die umgekehrte Richtung läuft, haben Sie etwas richtig gemacht und Ihr Gegenüber entspannt.

Szenario

Sie verkaufen Lebensversicherungen. Ihr Klient ist normalerweise ein „Brustatmer". Sie beobachten bei der Produkterklärung, dass Ihr Kunde auf eine entspannte Bauchatmung umschaltet. Sie haben also einen guten Job gemacht. Sie und Ihr Produkt haben Ihren Klienten offensichtlich beruhigt.

2.11 Putzgesten

Als „Putzgesten" werden alle Verhaltensweisen bezeichnet, die der Verbesserung unseres Erscheinungsbildes dienen. Dies sind zum Beispiel Lippen lecken, Haare richten, Flusen aus der Kleidung zupfen, Körperhaltung korrigieren, Kleidung glätten, Kleidung richten.

In Verhören/Interviews werden diese Zeichen normalerweise vor dem Sprechen gezeigt. Unterbewusst tun wir dies, um besser zu erscheinen, also dafür zu sorgen, dass wir mitsamt unserer „Geschichte" besser wirken und klingen.

Im Verkauf kann dieses Verhalten Aufregung und Erregung zeigen. Vielleicht ist die Person stolz auf eine Leistung oder interessiert an einem bestimmten Vorschlag?

Generell ist es ein positives Zeichen, das Erregung, Aufregung und Interesse ausdrückt. Achten Sie also auf diese Zeichen!

> **Prüfen Sie Ihr Wissen!**
> - Was ist die wahrscheinlichste Bedeutung von zusammengepressten Lippen?
> - Was bedeutet es, wenn sich jemand während einer Verhandlung einen Stift in den Mund steckt?
> - Was zeigen Ihnen die Finger?
> - Was sind typische Zappel-Gesten? Nennen Sie Beispiele!
> - Wie kann man ein echtes von einem falschen Lächeln unterscheiden?
> - Was sagt Ihnen eine hohe Augenschlagfrequenz (Blink Rate)?
> - Wie können Sie reagieren, wenn Sie Schutzgesten wie das Fig Leaf oder den Single Armwrap sehen?
> - Was zeigen Ihnen einseitige Körperbewegungen?

Literatur

Diller, L. H. (2008). Running on Ritalin. Bantam Books.
Ekman, P. & Friesen, W. V. (2003). Unmasking the Face. A guide to recognizing emotions from facial expressions. Malor Books.
Havener, T. (2020) Ich sehe was, was Du nicht sagst. Körpersprache verstehen – Menschen lesen. Yes Publishing.
Six-Minute X-Ray. Rapid Behavior Profiling. Evergreen Press.
Navarro, J. & Karlins, M. (2008). What everybody is saying. An Ex-FBI Agent's Guide to Speed-Reading People. William Morrow Paperbacks.

Platt, M. (2015). Adrenalin Dominanz erfolgreich behandeln. Wenn das Stresshormon den Körper regiert. VAK.

Ramachandran, V. (1994). Encyclopedia of Human Behavior. Academic Press.

Sripada, C. & Goldman, A. (2005). Simulationist Models of Face-Based Emotion Recognition. Cognition.

Van Edwards, V. (2018). Captivate. The Science of Succeeding with People, Penguin.

3

Kontaktaufnahme zum Gegenüber und das Spiegeln

Nun haben wir uns bis hierher Signale angeschaut, die wir bei anderen beobachten können oder selber aussenden. Sie haben nun einen Überblick, welche Signale eher als positiv und welche eher als negativ einzustufen sind bzw. welche Motivation ggf. hinter den angewandten Signalen steht. Nun stellt sich die Frage, wie kommen wir nun in – zunächst guten – Kontakt mit unserem Gegenüber? Wie kommen wir in die gelungene Interaktion, wie können wir erreichen, dass sich unser Gegenüber gut mit uns fühlt – und wir so bestenfalls mehr Informationen erhalten können, seien sie verbal oder nonverbal?

Ein gekonnter Small Talk sei hier vorausgesetzt. Wie bereits oben erwähnt, geht es hier nicht nur um vermeintlich Oberflächliches, sondern wir haben hier die Gelegenheit, unser Gegenüber sowohl verbal als auch nonverbal zu kalibrieren, um seine Base Line kennenlernen zu können. Gehen wir nun einen Schritt weiter.

3.1 Mirroring

Sicherlich haben Sie bereits vom Spiegeln gehört. Diese Technik begründet sich darauf, dass wir uns ähnlich bewegen und geben wie unser Gegenüber. Warum? Weil wir jeden, der uns ähnlich ist, erst einmal grundsätzlich gut finden. Außerdem meinen wir, den, der uns ähnlich ist, können wir gut einschätzen. Daher fassen wir schneller Vertrauen. Wenn wir also jemanden vor uns stehen haben, der ähnlich redet, ähnlich gekleidet ist oder die ähnlichen Vorlieben hat wie wir, finden wir das grundsätzlich sympathisch. Wir fassen schneller Vertrauen, weil wir unbewusst glauben, den Menschen zu kennen. Dasselbe Denkmuster haben wir, wenn sich jemand relativ synchron zu uns bewegt. Wir fühlen uns dann automatisch wohl. Und wenn wir uns wohlfühlen, sind wir sogar bereit, uns intuitiv an unserem Gegenüber zu orientieren – und uns ihm anzupassen. Das können wir sehr anschaulich in Restaurants sehen. Wenn zwei Menschen einen guten Kontakt zueinander haben, sitzen sie ähnlich und schauen ähnlich. Nimmt einer das Glas, folgt der andere. Und das unabhängig vom Zuprosten. Was wir nun machen, ist, uns diese unbewussten Abläufe zunutze zu machen. Wir spiegeln unser Gegenüber. Und zwar bewusst.

Das bewusste Spiegeln besteht aus zwei Teilen, damit das Spiegeln für unsere Zwecke interessant wird. Schauen wir uns diese zwei Teile einmal genauer an.

3.2 Pacing

Wenn wir nun also nonverbale Mimiken und Gestiken ausgemacht haben, sollten wir diese Gesten zunächst wahrnehmen und dann ins Spiegeln verfallen. Dieses

Mirroring besteht darin, dass Sie Gesten und Mimiken nachmachen (Pacing), die Sie bei Ihrem Gegenüber wahrnehmen. Wenn Sie sehen, dass jemand am Tisch sitzend nach vorne kommt und seine Unterarme auf den Tisch legt, können Sie Ähnliches machen. Wenn sich jemand zurücklehnt, tun auch Sie das. Das alles ganz subtil und zeitversetzt. Sie wollen ja keinen Klamauk betreiben. Dieses Nachahmen und Nachmachen von Gesten nennen wir Pacing. Denn Sie folgen zunächst dem Anderen – und nehmen so Schritt mit ihm auf.

> **Übrigens:** Apropos Vor- und Zurücklehnen im Stuhl: Solange Ihr Gegenüber mit dem Rücken die Stuhllehne berührt, d. h. er zurückgelehnt sitzt, bieten Sie bitte nichts zum Unterschreiben an. In dieser „Konsumhaltung" sind wir nicht geneigt, irgendetwas Aktives zu tun. Zuerst sollten Sie versuchen, die Sitzposition Ihres Gegenübers zu verändern.

Später können Sie Gestiken anbieten – und überprüfen, ob Ihr Gegenüber Ihnen folgt. Das nennen wir Leading. Sie gehen mit dem Angebot Ihrer Gesten in die Führung.

3.3 Leading

Nachdem Sie also einen guten Kontakt durch Pacing aufgebaut haben, können Sie nun versuchen einen Schritt weiterzugehen und zu leaden. Das bedeutet, dass nun Sie eine Geste anbieten – und beobachten, ob Ihr Gegenüber Ihnen folgt. Wenn wir uns gut fühlen, tun wir das nämlich automatisch. Denken Sie an den Restaurantbesuch, bei dem Sie das Paar am Nachbartisch beobachten. Nicht nur sehen wir ähnliche Sitzpositionen, sondern können ebenfalls beobachten, dass, wenn einer sein Weinglas nimmt, der andere folgt und ebenfalls trinkt.

Wie gesagt, wir tun diese Dinge intuitiv, wenn wir uns wohlfühlen. Und genau das versuchen Sie, mit dem Leaden herauszufinden. Denn erst, wenn sich Ihr Gegenüber wohlfühlt, was gleichbedeutend ist mit: Er hat Vertrauen zu Ihnen aufgebaut, wird er „kaufen" – im wahren wie übertragenen Sinne.

Denken Sie daran, dass Sie auf vielen Ebenen spiegeln können. Auf die verbale Ebene kommen wir später noch zu sprechen.

> **Übrigens:** Wut ist die einzige Emotion, die Sie niemals spiegeln sollten. Hier ist es ratsam, ins Gegenteil, in „Tiefenentspanntheit", zu verfallen. Vor allem auch mit Ihrer Stimme.

Literatur

Lapp, S., (2022). Das große Handbuch für den systemischen NLP-Practitioner & Coach, Werdewelt Verlags- und Medienhaus.

Teil II

Verbale Signale

Neben nonverbalen sind verbale Signale mindestens ebenso aufschlussreich für uns. Wir können unsere Sprache nutzen, um einen guten Kontakt herzustellen, und ebenso, um unser Gegenüber zu verunsichern oder zu manipulieren. Wir können konkret reden oder ausweichend. Ferner haben wir alle Sprachmuster, die wir nutzen. Wir alle haben quasi einen verbalen Fingerabdruck. Verlassen wir diesen, wird es interessant.

4
Lexikalisches Spiegeln

Bevor wir über Täuschung und Lügen sprechen, möchte ich darauf hinweisen, was wir tatsächlich tun, wenn wir verbal kommunizieren. Normalerweise versuchen wir, wie oben bereits aufgezeigt, einen guten Kontakt zu unserem Kommunikationspartner herzustellen. Intuitiv, wenn wir uns gut fühlen, beginnen wir, uns unserem Gesprächspartner anzupassen. Dieses Spiegeln können wir sowohl nonverbal als auch verbal durch Anpassen von Wortmustern, Stimmlage oder Sprechgeschwindigkeit tun. Wenn wir uns verbal und stimmlich anpassen, nenne ich das „lexikalisches Spiegeln". Wir tun das, um unserem Gesprächspartner Anerkennung zu zollen, ihm unser Verständnis zu zeigen und zu sagen: „Ich höre dich. Ich sehe dich."

4.1 Aufgreifen derselben Worte

Um unser Verständnis zu zeigen und um einen guten Kontakt herzustellen, können und sollten wir also dieselben Worte verwenden wie die andere Person. Wenn Sie bemerken, dass Ihr Partner oft „wunderbar" sagt, können Sie statt „schön" zum Beispiel auch dieses „wunderbar" verwenden. Damit zeigen Sie Ihre Sensibilität gegenüber der anderen Person. Der andere hingegen denkt „oh, er/sie ist wie ich", und öffnet sich mehr. Denken Sie daran, dass wir Dinge und Menschen gut und vertrauenswürdig finden, die so ähnlich sind wie wir. Sie werden mit hoher Wahrscheinlichkeit zu keinem Kaufabschluss kommen, wenn einer von Semmeln, der andere von Brötchen spricht – obwohl es das Gleiche bedeutet.

> **Übrigens:** Bedenken Sie immer auch, dass alles, was ich hier aufführe, um einen guten Kontakt herzustellen, selbstredend auch manipulativ eingesetzt werden kann. In dem Moment, in dem Sie bewusst etwas nicht oder ganz anders machen, also auf keiner Ebene spiegeln, werden Sie Ihr Gegenüber irritieren. Und können so, sollte das von Ihnen gewünscht sein, in manipulative Machtspiele übergehen.

Eine andere Technik, um einen guten Kontakt herzustellen, besteht darin, die letzten drei Wörter des gehörten Satzes wiederzuverwenden. Diese gehört zu meinen persönlichen Favoriten. Sie lässt unmittelbar einen guten Kontakt mit ihrem Gesprächspartner entstehen. Ferner bekommen Sie so mehr Informationen, als Sie zu hoffen gewagt hatten, da die andere Person immer wieder den Faden aufnimmt und etwas mehr dazu sagt – wobei sie neue Informationen zufügt.

> **Beispiel**
>
> - A: Ich war gestern **im Kino.**
> - B: Oh, **im Kino,** wunderbar!
> - A: Ja, und wir hatten ein perfektes Abendessen im **Sunshine Restaurant.**
> - B: Ja, das **Sunshine Restaurant.** Ich mag es auch sehr. Sie bieten wirklich gutes Essen!
> - A: Ja, absolut! Die **Dorade** war fantastisch!
> - B: Ah, Sie haben **Dorade** gegessen?
> - A: Ja, ich mag Fisch sehr gerne …
>
> Etc.

Während Sie nun bereits eine ganze Menge an Informationen samt Vorlieben von Ihrem Gesprächspartner erhalten haben, haben Sie bislang noch nicht viel preisgegeben. Und gleichzeitig (bzw. und trotzdem) wird sich Ihr Gesprächspartner sehr wohl mit Ihnen fühlen. Generell sprechen wir sowieso viel lieber selber – und *von* uns selber.

Natürlich vermeiden Sie eine Überdosierung dieser Technik! Tun Sie es nur ab und an und es wird Wunder bewirken. Sie werden als sensibler Zuhörer wahrgenommen werden.

Achtung! Diese Technik unterscheidet sich grundlegend vom Wiederholen ganzer Fragen! Wir kommen dazu im folgenden Kapitel.

Kommen wir zu weiteren Techniken, die Sie gut für das Mirroring nutzen können.

4.2 Perspektiven-Kompass

Wir alle haben unterschiedliche Ansichten über die Welt. Und wir nähern uns dieser Welt aus anderen Perspektiven. Versuchen Sie einmal, die unterschiedlichen Perspektiven herauszufinden:

a) „Ich mag meine neue Arbeit. Mein Chef ist wunderbar und ich habe sehr gute Bedingungen."
b) „Mein neuer Arbeitsplatz ist fantastisch. Wir als Team verstehen uns außergewöhnlich gut, und wir können alle Ideen mit unserem Chef besprechen."
c) „Die neue Firma ist erstaunlich. Die Belegschaft beträgt 300 Personen und der Umsatz beträgt 300.000 pro Jahr."

Wenn Sie aufmerksam zugehört bzw. gelesen haben, stellen Sie fest, dass der Blickwinkel von „ICH" über „WIR" zu „SIE" wechselt. Auch hier beurteilen wir zunächst nicht, ob das eine oder andere besser oder schlechter ist, sondern wir bemerken es und verstehen somit, aus welcher Perspektive unser Kommunikationspartner die Außenwelt sieht.

Wenn Sie jemanden treffen, der viel von „mich", „mein", „mir", „ich" spricht, können Sie ihn zunächst nicht mit „wir" oder „unser" überzeugen. Dies ist, so glaube ich, wichtig zu wissen, da das „wir" gerne angewendet wird, um Gemeinsamkeit und die Idee von „wir sitzen gemeinsam in einem Boot und wollen doch das Gleiche" zu vermitteln. Die Idee an sich halte ich auch für gut, allerdings funktioniert sie nur, wenn der andere bereit dafür ist, im „wir" zu sprechen – und damit auch zu denken. Sonst kann es schnell zu übergriffig wirken. Vergleichen Sie selbst:

4 Lexikalisches Spiegeln

> **Beispiel**
> - A: Ich würde gerne einmal nach Island fahren.
> - B: Ja, das können wir auf jeden Fall mal machen.

Wenn Sie das hier lesen, werden Sie vielleicht das Verrutschen in den Ebenen sofort feststellen. Doch wie oft passiert das in täglichen Unterhaltungen. Offenbar hat hier jemand mit seinem Appell-Ohr zugehört.

Im beruflichen Umfeld kann so etwas teuer werden.

> **Beispiel**
> - A: Ich werde darüber nachdenken. Soweit ich weiß, ist die Deadline am 15.4., richtig? Ich würde mich dann bei Ihnen melden.
> - B: Ja, lassen Sie uns das tun. Wir rufen Sie dann an. Natürlich können wir über die Deadline noch sprechen.

Abgesehen davon, dass weder lexikalisch gespiegelt wurde, keine Fragen gestellt noch ein Labeling vorgenommen wurde (wir kommen später dazu), redet Kunde A in der Ich-Form, wobei der Verkäufer B in der Wir-Form verharrt. Nicht nur hat er offenbar nicht richtig zugehört („Ja, lassen Sie uns das tun" soll Einverständnis zeigen, passt aber nicht zur Aussage; A sagt, er wolle anrufen, B sagt, „wir rufen Sie dann an"), auch passen die Perspektiven nicht zueinander.

> **Eine Variante wäre folgende**
> - B: Ja, das ist richtig, die Deadline ist am 15.4. Ich werde versuchen, sie nach hinten zu verschieben. Ich freue mich, wenn Sie sich melden. Gerne rufe auch ich Sie an. Ich denke dann auch noch einmal nach, was ich Ihnen zusätzlich Schönes anbieten kann, um Sie in Ihren Überlegungen zu unterstützen.

Diese oder ähnliche Antworten zeigen eher ein sensibles Zuhören. Ferner erkennen wir hier die Idee, sich als „Partner" des Käufers zu präsentieren, der sich Gedanken für ihn macht, ihn unterstützen und sich als Problemlöser zeigen möchte. Daneben bleiben beide bei der Ich-Perspektive, was ein Spiegeln zeigt. Auch hat der imaginäre Verkäufer einige Vokabeln aufgegriffen, so dass wir hier ebenfalls ein lexikalisches Spiegeln sehen können (nachdenken statt überlegen, melden statt anrufen).

Wenn Sie die Idee des „Spiegelns" anwenden, versuchen Sie, den Kommunikationsstil zu übernehmen.

> **Tipp:** Bedenken Sie, dass die hier aufgeführten Aktionen bzw. Reaktionen bei Ihrem Gegenüber stets unbewusst ablaufen. Solange Ihr Gegenüber nicht auch dieses Buch hier studiert oder eingehende Trainings absolviert hat, werden ihm diese Abläufe nicht klar sein. Weder kann er bewusst einordnen, was gerade in der Unterhaltung mit Ihnen passiert, noch kann er seine Gefühle dazu bewusst einordnen. Er wird lediglich hinterher ein gutes oder schlechtes Gefühl haben, mit Ihnen in Interaktion gewesen zu sein.

Wir kommen zu einem weiteren Kanal, auf dem wir spiegeln können.

4.3 Sinneskanäle

Wir haben fünf sensorische Sinne. Jeder von uns bevorzugt den einen oder anderen Sinn. Diese „Kanäle" lauten:

- visuell (V),
- auditiv (A),
- kinästhetisch (K).

Hinzu kommen noch „olfaktorisch" (O) und „gustatorisch" (G), doch diese sollen hier zunächst keine Rolle spielen.

Im NLP nennen wir diese Kanäle kurz VAK bzw. VAKOG, um Rapport mit dem Coachee aufzunehmen.

Wir verwenden diese Kanäle unbewusst in unserer Sprache. So ist es möglich, den bevorzugten Kanal Ihres Kommunikationspartners herauszufinden.

> **Vergleichen Sie die folgenden Aussagen**
>
> 1. Mein letzter Urlaub war super! Ich war auf Mallorca. Es ist erstaunlich. Jedes Mal, wenn ich dorthin gehe und den weißen Sand mit dem blauen Wasser und Himmel sehe, entspanne ich sofort!
> 2. Mein letzter Urlaub war super! Ich war auf Mallorca. Es ist erstaunlich. Jedes Mal, wenn ich dorthin gehe und die Vögel singen und die Wellen brechen höre, entspanne ich sofort!
> 3. Mein letzter Urlaub war super! Ich war auf Mallorca. Es ist erstaunlich. Jedes Mal, wenn ich dorthin gehe und den warmen Sand und das kühle Wasser spüre, entspanne ich sofort!
>
> Haben Sie die Unterschiede festgestellt? Nun können Sie beginnen, auf dem gleichen Wahrnehmungskanal zu kommunizieren.
> Auflösung: Die erste Beschreibung ist sehr visuell (weißer Sand, blaues Wasser, Himmel sehe), die zweite sehr auditiv (Vögel singen und Wellen brechen höre), die dritte sehr kinästhetisch (warmen Sand, kühle Wasser spüre).

Das Prinzip ist dasselbe wie beim Perspektiven-Kompass. Nichts ist richtig oder falsch, nicht schlechter oder besser, sondern lediglich Ausdruck Ihres Kommunikationspartners, wie er sich der Welt nähert. Und auch die Fallstricke sind dieselben: Solange der eine bspw. auf dem auditiven Kanal kommuniziert, der andere auf dem visuellen (oder kinästhetischen), werden Sie (unbewusst) nicht zueinanderfinden – und ggf. einen Deal nicht abschließen. Hören Sie also genau hin! Hier einige Vokabeln und Ausdrücke, die wir in unserer Sprache verwenden, die einen der drei Kanäle bedienen:

4.4 Liste VAK-Vokabeln zur Feststellung der favorisierten Sinneskanäle

Visuell

Analysieren, erscheinen, klar sein, Klarheit, träumen, Traum, untersuchen, examinieren, prophezeien, sehen, vorstellen, Vorstellung, Illusion, vorstellen, observieren, Aussicht, Bild, bildlich, Szene, zeigen, skizzieren, Vision, bezeugen etc.

Typische Redewendungen: Ich kann das nicht sehen, Ich kann den/sie nicht vor Augen sehen, blind vor Liebe sein, Brett vor dem Kopf haben etc.

Meine Liste:

_____
_____
_____
_____
_____
_____

Auditiv

Verkünden, hören, diskutieren, Diskussion, tratschen, Tratsch, flüstern, nuscheln, tuscheln, laut, Lautstärke, erwähnen, Erwähnung, Lärm, berichten, proklamieren, klingeln, Klingel, Gerücht, sagen, schreien, kreischen, schrill, ruhig, Ruhe, sprachlos, schweigen, Schweigen etc.

Typische Redewendungen: Ich kann den/die/es nicht mehr hören, wenn ich das schon höre, Musik in meinen Ohren, eine Symphonie an …, Katzenmusik etc.
Meine Liste:

_____
_____
_____
_____
_____
_____

Kinästhetisch/haptisch
Aktiv, ausführen, rau, solide, fest, grob, Ladung haben, fühlen, Fundament (haben), hängen, erhitzt sein, intuitiv, warm, bewegt, panisch, Druck, unterdrücken, hetzen, sanft, weich, leicht, unterstützen, Spannung, gespannt sein, Krampf, zusammenkrampfen, bitter etc.

Typische Redewendungen: Da bekomme ich Bauchweh, Schmetterlinge im Bauch haben, da kommt mir die Galle hoch, da bekomme ich einen (dicken) Hals, da schnürt sich mir der Hals zu etc.
Meine Liste:

_____
_____
_____
_____
_____
_____

Lassen Sie uns nun in die Techniken eintauchen, die auf ein gewisses Maß an Täuschung und Irreführung hindeuten können. Denken Sie daran, dass Sie jede Abweichung von der Base Line nur feststellen können, wenn Sie das „normale Verhalten" einer Person studiert haben.

Literatur

Lapp, S., (2022). Das große Handbuch für den systemischen NLP-Practitioner & Coach, Werdewelt Verlags- und Medienhaus.

Leissing, M. (2013). Ein Überblick zum 4-Ohren-Modell (Schulz von Thun).

Rosenberg. M. (2021). Giraffensprache. Gewaltfreie Kommunikation im Alltag. Junfermann.

5

Sprachmuster, die auf Täuschungen hindeuten

Wenn wir uns mit nonverbalen und verbalen Signalen beschäftigen, wollen wir natürlich gerne erkennen können, ob uns jemand täuschen möchte, sei es durch Ablenkung, Weglassen von Informationen oder gar anhand einer Lüge. Obwohl es nicht die eine Geste, die eine Mimik, das eine Sprechverhalten gibt, was auf Täuschung hinweist, gibt es doch sehr wohl einige Cluster, einige Tells, die dennoch darauf hindeuten. Im Folgenden werde ich einige dieser verdächtigen verbalen Verhaltensweisen beschreiben. Wenn diese noch mit einigen nonverbalen Signalen zusammenfallen, die für einen erhöhten Stresslevel stehen, Sie also ein Cluster erkennen, dann sollten Sie vorsichtig handeln. Denken Sie auch hier immer daran, zuerst die Base Line und die Umstände, also den Kontext, zu überprüfen.

5.1 Wiederholen der ganzen Frage

Sie sind in einem Gespräch und stellen eine Frage. Aber anstatt eine Antwort auf Ihre Frage zu bekommen, wiederholt Ihr Kommunikationspartner die ganze Frage. Dies können wir (leider) oft in privaten Gesprächen, in Partnerschaften, sehen. Hier sind wir schneller mit manipulativen Techniken bei der Hand. Aber auch in Interviewsituationen können diese Hinweise auftreten (siehe auch Beispiel unter „Augenzugangshinweise").

> **Beispiel**
> - A: Ich habe versucht, dich anzurufen, aber du bist nicht ans Telefon gegangen! Wo warst du denn die ganze Nacht?!
> - B: Wo ich die ganze Nacht war?
> oder auch
> - B: Wie, wo war ich denn die ganze Nacht?!

Da die Frage nicht sehr schwer zu verstehen ist, können wir diese Wiederholung der ganzen Frage als Versuch betrachten, Zeit zu gewinnen. Es ist eine besondere Form des Zögerns.

Wichtig ist jetzt, sich von dieser Manipulationstechnik nicht verunsichern zu lassen, sondern ruhig auf die Beantwortung der Frage zu bestehen. Auch kann hier ein Labeling vorgenommen werden in der Form einer Feststellung. „Es scheint, als ob du mir diese Frage nicht beantworten kannst oder möchtest." Meist ist es jedoch empfehlenswert, diesen „Kunstgriff" nur innerlich festzustellen und nicht weiter zu thematisieren. Zugeben wird ihr Gesprächspartner den Täuschungsversuch sowieso nicht. Schreiben Sie lieber auf, um welches Thema es gerade ging, und versuchen Sie, weitere Informationen zu erhalten, um zu sehen, ob sich Ihr Verdacht erhärtet.

Wenn wir unser Beispiel unter dem Punkt „Augenzugangshinweise" noch einmal bemühen, wäre es gut, die Wiederholung der Frage festzustellen und dann zu versuchen, die Aussage zur Kleidung und zum Ablauf des Abends zu validieren.

> **Beispiel**
> - A: Okay. Lass uns also über den Abend sprechen, an dem dein Freund dich angeblich geschlagen hat. Was genau hast du getragen, als das alles passiert ist?
> - B: Was genau ich getragen habe, als das passiert ist? (Augen bleiben auf dem Polizisten haften) Ich war in meinem Schlafzimmer. Und ich habe ein rosa Hemd mit weißer Hose getragen.
> - A: Ein rosa Hemd mit weißer Hose? (Wiederholung einiger Worte/lexikalisches Spiegeln)
> - etc.

5.2 Gegenfrage

Eine weitere Art, wie wir uns leicht verunsichern lassen und die gleichzeitig auf eine Täuschung hinweisen kann, sind Gegenfragen.

> **Beispiele**
> - Sie verdächtigen einen Mitarbeiter der Veruntreuung. Ihr Mitarbeiter fragt: „Warum sollte ich so etwas machen? Das wäre doch mehr als unklug, eine so sichere und gut dotierte Stelle zu riskieren!"
> - Sie sind Restaurantbesitzer und verdächtigen einen Kellner, Geld aus der Kasse gestohlen zu haben. Die „Antwort" in Form einer Gegenfrage: „Warum sollte ich auf die Idee kommen Geld mitzunehmen, wo so viele Menschen in der Nähe sind?"
> - Sie sitzen in einer Verhandlung und als „Gegenargument" hören Sie folgendes: „Warum sollten wir uns mit Ihnen treffen, wenn wir nicht ernsthaft am Abschluss mit Ihnen interessiert wären? Das wäre doch Zeitverschwendung für alle von uns!"

Die Einwände in Form von Gegenfragen klingen logisch. Das bedeutet aber noch lange nicht, dass nicht doch das Gegenteil der Fall ist. Wir machen viele unlogische Dinge. Wir alle sind unlogische Wesen.

Gegenfragen können in vielerlei Gestalt auftreten. Wo die oben beschriebenen Beispiele als verstecktes Gegenargument daherkommen, können Gegenfragen auch als Ausweichtechnik oder Statusspiel genutzt werden.

> **Ein Beispiel aus einer Verhörsituation**
> - A: Ist es richtig, dass Sie am Montag um 20 Uhr in der Schneidergasse waren?
> - B: Soll das ein Witz sein?

Diese Gegenfrage ist eine klassische Ausweichtechnik. Ferner hat der Fragende keine Antwort bekommen. Der Befragte entzieht sich.

> **Ein Beispiel für ein Statusspiel wäre folgendes**
> - A: Ist es richtig, dass Sie am Montag um 20 Uhr in der Schneidergasse waren?
> - B: Können Sie bitte mal das Fenster öffnen?

In diesem Fall lässt der Angeklagte trotz misslicher Lage die Gegenseite für sich „springen". Er versucht so, den vermeintlichen Tiefstatus in einen Hochstatus umzukehren. Überlegen Sie in solchen Situationen genau, ob Sie darauf eingehen. Akzeptanz bedeutet immer Annahme. Überprüfen Sie hier, ob Sie sich in einem Statusspiel befinden.

Diese Technik lässt sich übrigens bei High-Profile-Verhören sehr oft beobachten und darauf schließen, dass der Befragte ein Training erhalten hat. Nicht nur wird Zeit geschunden und hilfreiche Informationen vorenthalten.

Es ist eine wunderbare Zermürbungstaktik neben dem Aspekt des Statusspiels. Ein bekanntes Beispiel, aus rechtlichen Gründen hier angepasst und leicht verändert, sei hier noch aufgeführt:

- A: Lassen Sie uns über Virginia sprechen. Kennen Sie sie?
- B: Sie ist … Wiederholen Sie Ihre Frage noch mal. Wer?
- A: Virginia.
- B: Können Sie das buchstabieren? (Statusspiel)
- A: Ganz normale Schreibweise. Virginia. Wie der amerikanische Staat.
- B: (unterbricht A) Können Sie es **buchstabieren,** bitte!
- A: V-I-R-G-I-N-I-A (in diesem Moment ist für A das Machtspiel verloren)
- A: Ist es richtig, dass Sie sich des Öfteren mit ihr getroffen haben?
- B: Machen Sie Scherze? (Gegenfrage)

Wenn Sie sich vorstellen, Sie benötigen alleine zwei Minuten, um einen Namen zu klären, bevor Sie überhaupt eine relevante Frage stellen können, wissen Sie, wie gut diese Taktik als Zermürbung und Machtspiel funktioniert.

5.3 Zögern

Abhängig von der Base Line einer Person und/oder der Kultur dieser Person kann das Zögern vor der Beantwortung einer Frage den wahren Versuch anzeigen, eine elaborierte Antwort auf die Frage zu geben. Wenn Sie jedoch wissen, dass Ihr Gesprächspartner keine Probleme hatte, Ihre Fragen zu beantworten, und Ihnen innerhalb einer „normalen Zeit" (für die westliche Hemisphäre) Antworten gegeben hat, aber plötzlich zögert, eine bestimmte Frage zu beantworten, dann wissen Sie, dass etwas „im Busch" ist. Es ist eine Abweichung der Base Line. Eine Abweichung von seinem normalen Verhalten. Es ist eine ungewöhnliche Pause. Diese ungewöhnliche Pause und Stille treten auf, wenn unser Gehirn überlastet ist. Wir benötigen Zeit. Und das wiederum ist ein Indikator dafür, dass wir vielleicht gerade dabei sind, eine Geschichte aufzutischen.

Wo eine Technik das „Wiederholen der ganzen Frage" ist, ist eine andere, erst einmal gar nichts zu sagen, um Zeit zu gewinnen.

Nehmen Sie das wahr und vermerken Sie sich diesen Tell. Wenn noch mehrere dazukommen, wie Verlegenheitsgesten und eine erhöhte Blinkrate, haben Sie gute Hinweise, dass hier etwas im Argen liegt.

Oft geht das Zögern auch einher mit einer Gegenfrage und/oder absichtlichem Nichtverstehen.

Drei Beispiele
- A1: Hast **du** den Kuchen aufgegessen?!
- B1: (Pause/Zögern) Was?
- A2: Wir haben Informationen eingeholt und würden uns gerne über die erteilten Auskünfte mit Ihnen unterhalten.
- B2: (Pause/Zögern) Entschuldigen Sie, ich war abgelenkt. Was meinten Sie gerade?
- A3: Waren Sie zugegen, als der Unfall geschah?
- B3: (Pause/Zögern) Ich weiß es nicht.

Wie immer ist es wichtig, hier konzentriert zu bleiben und sich nicht damit zufriedenzugeben. Versuchen Sie, den Grund für diese Reaktion zu verstehen.

5.4 Nicht-Antworten

Ein weiterer interessanter Indikator für eine mögliche Täuschung ist die Antwort, die keine ist. Ich nenne sie daher auch genauso: Nicht-Antworten. Sie gehören zu den Gaslighting-Techniken. Auch wenn ich diese Techniken selber lehre, beispielsweise in Medientrainings, so wundere ich mich jedes Mal, dass bspw. Politiker bei Journalisten mit diesen Nicht-Antworten davonkommen. Journalisten sollten es besser wissen.

Wie genau können Nicht-Antworten aussehen? Werfen wir noch einmal einen Blick auf unser imaginäres Paar:

> **Beispiel**
> - A: Ich habe versucht, dich anzurufen, aber du bist nicht ans Telefon gegangen! Wo warst du denn die ganze Nacht?!
> - B: Schau. Ich arbeite den ganzen Tag! Morgens aufstehen, ins Büro fahren, arbeiten … Und wofür? Um DIR ein gutes Leben zu bieten! Dann komme ich spät nach Hause … und will einfach nur einen entspannten Abend haben. Und DU? Machst mir hier die Hölle heiß …!

Diese Antwort ist höchst manipulativ, da sie A die Schuld zuschiebt. A wird sich schlecht und aufdringlich fühlen. Aber was wirklich passiert, ist, dass A keine Antwort auf seine/ihre Frage bekommt. Da A sich jetzt bereits sowieso schon schlecht und schuldig fühlt, wird er/sie voraussichtlich darauf verzichten, weiter „Öl ins Feuer" zu gießen. Die Gaslighting-Technik hat also funktioniert.

Politiker und andere Personen, die in der Karriereleiter weit nach oben geklettert sind, sind in der Lage, viel zu reden, ohne etwas zu sagen. Sie können nicht nur nichtantworten, sondern zusätzlich in diesen Nicht-Antworten eine andere Richtung vorgeben mit neuen Informationen, in der Hoffnung, dass sich der Zuhörer/Journalist/Interviewer ablenken lässt. Auch hier: Ich lehre selber diese Techniken und bin jedes Mal wieder erstaunt, wie beinahe absurd einfach wir ablenken können.

Versuchen Sie, bei der Sache zu bleiben und sich von dieser Art Antworten nicht verunsichern oder ablenken zu lassen!

5.5 Wortsalat

Eine ähnliche Taktik wie die Nicht-Antworten sind die Wortsalat-Antworten. Wir werden mit einem Wort-Teppich belegt, der auf den ersten Blick (bzw. auf das erste Ohr) gut klingt, bei genaueren Hinsehen (bzw. Hinhören) jedoch keinen Sinn ergibt. Diese Taktik kann des Öfteren bei narzisstisch geprägten Persönlichkeiten beobachtet werden.

Gerne werden in dieser Art „Antworten" Worte benutzt, die gut klingen. Nachhaltigkeit, Authentizität und Werte sind ebensolche. Eine typische Wortsalatantwort könnte beispielsweise so klingen: *Wer wüsste es nicht besser als wir – wenn wir bedenken, dass 85 % Zuwächse gerade in unserer Branche zu verzeichnen sein werden. Wir müssen es schaffen, kraftvoll nach vorne zu blicken und unsere Werte zu verteidigen.*

> **Beispiel**
> - A: Was haben Sie sich für die nächsten fünf Jahre vorgenommen?
> - B: Wenn wir uns einmal das große Ganze anschauen, werden Sie mir zustimmen, wenn ich sage, dass wir einen nachhaltigen Ansatz anstrengen werden müssen.

5 Sprachmuster, die auf Täuschungen hindeuten

Klingt jetzt erst einmal nicht schlecht. Erst bei genauerem Hinschauen stellen wir fest, dass weder zur „Authentizität" noch zu „Werten" irgendetwas Handfestes gesagt wird. Stattdessen werden verschiedene Aspekte zusammengeflochten, ohne einen tieferen Sinn zu ergeben. Prozentzahlen dienen hier immer gut dazu, um eine vermeintliche Fundiertheit zu erzeugen, wo gar keine vorhanden ist.

Abgesehen davon wurde auf die Frage, was B sich vorgenommen hat, nicht wirklich geantwortet. Diese Antwort bietet allenfalls viel Spielraum für unsere persönliche Fantasie. Wir können hier viel reininterpretieren. Und das ist wahrscheinlich auch gewollt. Zudem hat B gutes, wie ich es nenne, „Fassadenmanagement" betrieben, da die „Antwort" gut und eloquent klingt. Mit Betonung auf „klingen". Wer ein wunderbares Beispiel von Wortsalaten hören möchte, dem sei Loriot empfohlen, mit seiner begnadeten Politikeransprache.

Eine Untervariante von Wortsalatantworten sind die widersprüchlichen Aussagen. Auch hierzu ein kleines Beispiel:

> **Beispiel**
> - A: Werden Sie wieder in die Politik zurückgehen?
> - B: Nein, auf keinen Fall. Man sollte niemals nie sagen, aber meine Absicht ist, auf keinen Fall wieder zurückzugehen.

Erneut sehen wir hier: viel gesprochen, doch nichts gesagt. Geht B nun zurück oder nicht? Wir wissen es nicht. Stattdessen hören wir eine absolute Verneinung mit einer anschließenden offenen Hintertür, verbunden mit einer Absicht. Wie wir wissen, können wir vieles beabsichtigen. Das, was wir hinterher realisieren, steht auf einem ganz anderen Blatt.

Unter widersprüchliche Aussagen fallen auch die, wie ich sie gerne nenne, „Ja, aber nein"-Antworten bzw. „Nein, aber ja"-Antworten. Auch hier ein aus rechtlichen Gründen angepasstes Beispiel einer bekannten Persönlichkeit:

> **Beispiel**
> - A: Würden Sie sagen, dass Sie in den 90er Jahren auf vielen Veranstaltungen waren?
> - B: Ja, auf Veranstaltungen, ja. Aber eigentlich nicht so viel, nein.

Lassen Sie sich von solchen Antworten nicht blenden. Vor allem wenn diese „Antworten" souverän und selbstbewusst vorgetragen werden. Fokus ist auch hier wieder entscheidend. Stellen Sie die Frage noch einmal, ggf. dieses Mal verändert oder sagen Sie ganz offen, dass Ihre Frage damit (noch) nicht beantwortet ist.

5.6 Ausweichende Antworten

Diese Art von Antworten sind besonders bei Politikern beliebt. Doch auch für Sie werden diese Arten von Antworten wichtiger, je höher Sie die Karriereleiter emporsteigen. Es wird wichtiger für Sie werden, sich nicht „festnageln" zu lassen. Ich nenne diese Art des Sprechens gerne „Teflon-Sprech". Gerne kombiniert wird diese Art der Nicht-Antworten mit einem Ablenken auf andere Themen, über die man lieber sprechen möchte bzw. weil man über das Gefragte eben nicht sprechen möchte. Sie sind eine elegante Art der „Nicht-Antworten".

5 Sprachmuster, die auf Täuschungen hindeuten

> **Beispiel**
> - Sie: Ihre Vita liest sich sehr gut. Warum möchten Sie Ihre jetzige Firma verlassen?
> - Frau B: Danke, das freut mich, dass Ihnen meine Vita gefällt. Wie Sie sehen, habe ich auch lange für die Firma XY gearbeitet, und zwar in Dubai. Ich denke, dass ich daher durch meine Auslandserfahrung sehr interessant für Sie sein kann. Meine internationale Erfahrung und meine Mehrsprachigkeit sind in unserer Branche immer ein Plus. Und da ich gerne wechseln würde, freue ich mich sehr, dass wir heute zusammen sprechen.

Diese Antwort wird sich zunächst gut für Sie anhören, zumal Sie zuerst gelobt wurden und dasselbe Wort aufgegriffen wurde (Vita), welches Sie benutzt haben (lexikalisches Spiegeln). Auch Dubai, Internationalität und Mehrsprachigkeit sind Trigger-Worte für Sie. Erst beim zweiten Blick sehen Sie, dass die Firma XY nicht der letzte, sondern vorletzte Arbeitgeber war und zu Ihrer eigentlichen Frage haben Sie gar keine Antwort bekommen bzw. lediglich die Bestätigung, dass der Wunsch zum Wechseln bei Frau B vorhanden ist. Geschlossen wird mit einem weiteren Lob.

In vielen Fällen gelingt diese Art von Antworten. Wir geben uns damit zufrieden, weil es Schein-Antworten sind. Sie klingen gut, bleiben nahe am Thema und enthalten Worte, die immer gut ankommen. Erst hinterher fällt uns auf, dass wir nicht wirklich eine Antwort auf unsere Frage erhalten haben.

Seien Sie also wachsam, wenn Sie eine Frage stellen, ob die Antwort wirklich eine ist. Aufmerksam sollten Sie auch werden, wenn die Sprache auf einmal sehr vage wird. Auch das kann ein Zeichen für „Ausweichen" sein.

5.7 Verbale Distanzierung

In Vernehmungen beobachten wir oft eine verbale Distanzierung, wenn es um das fragliche Verbrechen geht. Dadurch versuchen Menschen, ihre Missetat zu minimieren. Gleichzeitig hilft ihnen diese Technik, sich psychologisch von der begangenen Straftat zu distanzieren. Beispiele für diese distanzierenden Worte sind:

- töten – verletzen,
- verletzen – treffen,
- Vergewaltigung – Sex haben,
- stechen – verletzen,
- belästigen – treffen, berühren, anfassen,
- Schlägerei – Überreaktion,
- klauen – mitnehmen,
- Beleidigungen – Kraftausdrücke

Diese Distanzierungstendenzen zeigen wir aber auch in weniger drastischen Zusammenhängen. Fragen Sie einmal zwei Kinder (oder zwei Erwachsene), die sich gerade geschlagen haben, was passiert ist. Derjenige, der den anderen geschlagen hat, wird nicht sagen „ja, ich habe ihm hart ins Gesicht geschlagen", sondern behaupten, dass er ihn „kaum berührt" habe.

Wenn wir uns wegen etwas schuldig fühlen, werden wir versuchen, unsere Handlungen (verbal) abzumildern.

Fazit: Unschuldige werden kein Problem damit haben, das „harsche" Wort zu sagen. Schuldige Menschen neigen dazu, verbal „weicher" zu werden und zu „reframen".

Andere Szenarien für verbale Distanzierungen können sein:

5 Sprachmuster, die auf Täuschungen hindeuten

> **Beispiel**
> - A: Ich mag das Haus. Was ist mit dem Dach? Ist es gut abgedichtet?
> - B: Nun, bei einem Gewitter können vielleicht 2 oder 3 Regentropfen austreten. (Statt: Nein, das Dach ist undicht.)

Weitere Varianten sind die Nutzung des Passivs, des Wörtchens „man" bzw. die Subjektivierung eines Objekts.

> **Beispiele**
> - Ich wurde dazu genötigt, so zu handeln.
>   (statt: Ich habe so gehandelt.)
> - Es tut mir leid, dass ihn die Tür so hart am Kopf getroffen hat.
>   (statt: Es tut mir leid, dass ich ihm die Tür vor den Kopf geknallt habe.)
> - Das Messer hat zugestochen.
>   (statt: Ich habe mit dem Messer zugestochen.)
> - Man fragt sich ja schon, warum das alles.
>   (statt: Ich frage mich ja schon, warum das alles.)
> - Man wurde ins Haus geführt und angeheißen, zu warten.
>   (statt: Herr XY führte uns ins Haus und bat uns, zu warten.)
> - Es wurde ein Leitfaden dazu entwickelt.
>   (statt: Ich habe einen Leitfaden dazu entwickelt.)

All das sind Methoden, um sich sprachlich von Geschehnissen zu distanzieren. Und all diese Methoden sind daher sehr interessant für uns. Zumal, wenn Sie von der Base Line abweichen und mit anderen Tells zusammenfallen.

Distanzierungen können auch mit Namen und Pronomen geschehen:

- meine Frau – sie
- Mr. Smith – dieser Herr/er
- Mrs. Clark – diese Frau

So wurde ein US-Amerikaner des Mordes an seiner jungen Familie überführt, u. a. weil er von seinen beiden kleinen Töchtern stets als „those kids" gesprochen hatte.

> **Übrigens:** Da, wo wir uns mit Namen und Pronomen distanzieren können, können wir auch das Gegenteil damit erreichen. Wenn wir, bspw. in Machtspielen, eine Distanz aufbrechen möchten, um damit bewusst eine Grenze zu übertreten, und demzufolge bewusst respektlos sind. So können wir im Deutschen wunderbar vom Sie zum Du wechseln, obwohl es unangebracht ist, oder Verniedlichungen, auch von Eigennamen, benutzen, obwohl es uns nicht zusteht. Im folgenden Kasten Beispiele:

> **Beispiele**
> - Nutzung von „Willy" statt „William" vom Rangniedrigeren.
> - „Was guckst du so!?" von Fremden

Wenn wir uns verbal distanzieren möchten, werden wir bemüht sein, keine Abkürzungen zu benutzen. Im Englischen wird „don't" zu „do not", „won't" zu „will not". Im Deutschen wird „hab'" zu „habe" und auch die Verschlusslaute (wie bspw. das „t" von Worten wie „nicht") werden deutlicher ausgesprochen. Der Glottisschlag wird ebenso zu solchen Zwecken genutzt. Im Deutschen werden auch die Zeiten genauer beachtet. Normalerweise sind wir im gesprochenen Deutsch sehr ungenau mit den Zeiten.

Wir gehen davon aus, dass all diese Tricks angewandt werden, um technischer zu klingen – damit wir unbeteiligter wirken.

Betrachten Sie nun mit diesem neuen Wissen bitte folgende Aussage eines bekannten Politikers, an die Sie sich vielleicht erinnern werden: „Ich habe niemals sexuelle Beziehungen zu dieser Frau unterhalten."

Welche Red Flags können Sie in dieser Aussage feststellen? Ein Tipp: Es sind drei an der Zahl.

5.8 Abwesenheit von Possessivpronomen und der Wechsel von Pronomen

Eine ähnliche Technik ist das komplette Weglassen oder die Vermeidung von Possessivpronomen. Das haben Sie im vorigen Kapitel gesehen. So wird „meine Frau" schnell zu „sie" oder „der Frau". Wir versuchen eindeutig, uns von diesen Personen oder Objekten zu distanzieren.

> **Andere Beispiele sind**
> - Mein Auto – dieses Fahrzeug,
> - mein Hund – dieser/der Hund,
> - mein Sohn – dieser junge Mann hier,
> - sein Messer – dieses Küchenwerkzeug.

Irreführende Aussagen enthalten weniger Pronomen. Sie werden weniger persönliche Wörter oder Aussagen und weniger Abkürzungen als auch mehr umformulierte (weniger drastische) Wörter enthalten. Eine Erklärung könnte sein, dass diese Technik hilft, sich auch emotional von den Ereignissen zu distanzieren. Es klingt nicht nur technischer, es fühlt sich auch technischer und weniger persönlich an.

Generell können wir durch ein gekonntes Spiel mit Pronomen entweder Verantwortung übernehmen oder abgeben. Es ist ein Unterschied, ob ich sage: „Ich übernehme die volle Verantwortung" oder „Wir übernehmen die volle Verantwortung." oder gar „Man übernimmt die volle Verantwortung". Wo die dritte Variante irritierend anonym klingt, impliziert die zweite, es gäbe noch andere Beteiligte, die Schuld hätten.

> **Beispiel Wechsel Possessivpronomen**
>
> „Ich bin ja Ingenieurin und in dieser Eigenschaft haben wir Tests gemacht, woran es liegen könnte, dass wir noch nicht da stehen, wo wir dachten, dass wir stehen. Wir haben dann festgestellt, dass wir das Verfahren verfeinern mussten. Und Gott sei Dank habe ich das jetzt geschafft."

Hier sehen wir, wie die Lorbeeren auf das Wörtchen „ich" entfallen (neben einem Resume Statement „ich bin ja Ingenieurin"), und die Probleme bzw. deren Behebung auf das Pronomen „wir". So können wir geschickt Verantwortung abwälzen.

Achten Sie auf solche Wechsel in der Nutzung von Pronomen als auch Possessivpronomen.

5.9 Wechseln der Zeiten

Eine besondere Art der Distanzierung kann mit dem plötzlichen Wechsel der Zeiten einhergehen. Das können wir besonders in Verhörsituationen feststellen.

Im Englischen ist ein Wechsel von der Vergangenheit ins Präsens als „deception indicator" interessant. Im Deutschen nutzen wir das Präsens jedoch des Öfteren für Dinge, die in der Vergangenheit lagen und denen wir Bedeutung beimessen möchten bzw. um eine besondere Brisanz herauszuarbeiten.

> **Beispiel**
>
> A: Gestern war ich ja in der Disko. Und dann geh' ich so raus, steht da auf einmal so'n Typ vor mir und sagt: „Was is'!?" Ich sag': „Nichts! Was guckst du so …!?"

Im Deutschen ist daher die Nutzung des Plusquamperfektes, der Vorvergangenheit, aufschlussreich. Diese nutzen wir höchst selten, höchstens in der geschriebenen Sprache. Wenn wir also, vor allem in Vernehmungen, einen Wechsel in diese Zeit hören, sollten wir hell „hörig" werden.

> **Beispiel**
>
> A: Haben Sie diesen Mann schon einmal gesehen?
> B: Nein, ich hatte ihn noch nie gesehen.

Die Benutzung des Plusquamperfekts ist in dieser Aussage falsch. Es sei denn, es liegt noch eine Information dahinter, die nicht ausgesprochen wird. Ein „Nein, ich hatte ihn (bis dato, bis zu diesem Abend o. Ä.) noch nie gesehen." macht durchaus Sinn. Hier sollte also noch einmal nachgefragt werden.

Eine weitere Besonderheit, mit der wir uns gerne verbal distanzieren, ist, dass wir den Konjunktiv und das Wörtchen „nie" nutzen. Sicherlich haben Sie den Ausdruck „So etwas würde ich nie machen." schon einmal gehört oder sogar bereits selber gesagt. Wir möchten damit ausdrücken, dass so eine Verhaltensweise gegen unsere Werte gehen „würde". Der Konjunktiv soll hier implizieren, dass wir wirklich unter keinen Umständen, um nichts in der Welt, um kein Geld der Welt so etwas machen „würden". Durch das kategorische Wort „nie" oder „niemals" wird impliziert, hier keine Ausnahmen gelten zu lassen. Es ist eine Art der „überkompensierenden Sprache", wird hier doch viel Pathos gewählt.

So hören wir bei Straftätern immer wieder den Satz „So etwas würde ich nie tun!" oder „Ich würde ihr (Vermeidung vom Namen) nie etwas antun (Verharmlosung der Tat)!".

Mit solchen Aussagen soll natürlich die moralisch weiße Weste aufrechterhalten bleiben. Schade nur, dass der Konjunktiv nie etwas über tatsächliche Handlungen aussagen kann. Dafür ist er eben der Konjunktiv.

In wirtschaftlichen Zusammenhängen hören wir gerne Aussagen wie „Ich würde mich schämen ..." oder „So etwas wäre unter meiner Würde".

Übrigens: Bei der Statement Analysis und den verbalen Signalen wie hier aufgeführt gilt mindestens so dringend wie bei allen anderen Signalen: Nichts ist richtig oder falsch, sondern: Context is key! Sind Sie nämlich in der (be) fragenden Position, also möchten Sie als Leiter eines Verhörs oder eines schwierigen Mitarbeitergesprächs Informationen aus Ihrem Gegenüber herauslocken, können all die weiter oben aufgeführten Wortnutzungen sehr hilfreich sein. Sowohl Verharmlosungen in der Wortwahl oder generelle Distanzierungen inklusive des Wörtchens „man", das Spiel mit Possessivpronomen als auch die Nutzung von Weichmacherworten wie „manchmal", „eigentlich" und „vielleicht" können bei heiklen Situationen Wunder bewirken. Daneben hilft auch die Technik der „Naivität" besonders bei Verhören. Diese lernen wir weiter unten kennen.

5.10 Resume Statements

Normalerweise ärgern wir uns, wenn wir beschuldigt werden, etwas getan zu haben, was wir schlicht und ergreifend nicht getan haben. Und daher würden wir auch „schlicht und einfach" den Vorwurf abstreiten. Eine gute Vorgehensweise dafür wäre ein einfaches „Ich habe das nicht getan" oder „Nein, ich war das nicht".

Jedes Mal, wenn wir uns sehr bemühen, zu „erklären", warum wir etwas auf keinen Fall gemacht haben *können,* wird es interessant!

Ein beliebtes Mittel ist das sogenannte Resume Statement. Hier werden Stationen im Leben erwähnt, die die besonderen Fähigkeiten, die besondere Ehrenhaftigkeit oder/und die außergewöhnliche Integrität zeigen sollen.

Es wird ausführlich erklärt, warum der Beschuldigte/Befragte ein guter Mensch ist, der freundlich, ehrlich und fürsorglich ist. Wir können diese Technik oft beobachten, wenn wir Verdächtige verhören oder Politiker befragen. Sie fangen an, über ihre Errungenschaften und ihre Integrität zu sprechen, versuchen damit, jeden davon zu überzeugen, dass er oder sie niemals zu einem solchen Fehlverhalten fähig wäre. Der Fragende fühlt sich schnell schuldig und „moralisch verdorben", dass er so schlechte Gedanken hat. Es handelt sich also um eine klassische Manipulationstechnik und eine Art des Gaslighting.

Ein typisches Resume Statement einer Person, die bspw. einer Übergriffigkeit beschuldigt wird, kann so oder ähnlich klingen: „Ich bin 63 Jahre alt. Ich habe mein ganzes Erwachsenenleben in der Öffentlichkeit gelebt und gearbeitet. Seit 30 Jahren bin ich Vorsitzender der Rotarier. Jeder meiner Freunde wird Ihnen bestätigen, dass ich so etwas nie getan habe, nie tun würde und nie tun werde. Herr … (Name einer hochrangigen, bekannten Persönlichkeit) wird Ihnen das bestätigen."

Beliebt sind bei Resume Statements generell die Aufzählung wohltätiger Vereinigungen, der (vermeintliche) Leumund ehrenhafter Mitmenschen, die hohes Ansehen genießen, Name-Dropping (um die Verbindung zu ehrenhaften Menschen mit hohem Ansehen zu betonen) sowie die Erwähnung von Kirche, Religion und Familie.

Lassen Sie sich von solch „ehrfurchtsvollen" Erläuterungen nicht blenden und bleiben Sie auch hier fokussiert.

Generell sind unsere Erzählungen, ähnlich dem Aufbau einer Rede, ausbalanciert und in drei Teile unterteilt: Einleitung, Hauptteil, Schlussteil. Der Prolog oder die Einleitung bereitet die Bühne und steuert auf den eigentlichen Grund des Sprechens hin, den Hauptteil. Der Hauptteil beinhaltet die harten Fakten. Und damit auch Details zu den wichtigen Themen. Der Schlussteil beinhaltet die Quintessenz des vorher Gesagten, eine Vision, einen Appell, eine Schlussfolgerung. Normalerweise betragen Einführung und Schlussteil jeweils etwa 15 %, der Hauptteil entsprechend 70 %. Sollten Sie bemerken, dass der Hauptteil überraschend kurz und oberflächlich ausfällt, dürfen Sie auch hier noch einmal genauer nachgreifen. Offensichtlich versucht hier jemand, Fakten zu vertuschen und vage in der Information zu bleiben.

> **Übrigens:** Halten Sie immer auch Ausschau nach weiteren Anzeichen: Gibt sich jemand sehr naiv oder wird auf einmal sehr höflich? Haben Sie den Eindruck, dass Ihr Gegenüber zwar verbal versucht zu überzeugen, Sie es aber nicht spüren? Dann haben Sie es hier ggf. mit „telling instead of showing" zu tun. Wenn Ihnen jemand sagt „Ich verspreche es!" und das vielleicht sogar wiederholt, Sie jedoch keine Eindringlichkeit verspüren, könnte es ein manipulativer Schachzug sein. Die Sprache ist zwar eindringlich, doch die Emotion fehlt.

5.11 Komplimente und übertriebene Höflichkeit

Wir alle hören gerne Komplimente. Diese werden auch später noch einmal zur Sprache kommen. Denn sie können Türen öffnen und Vertrauen und Sympathie generieren. Wenn Sie auf einmal jedoch besonders viele Komplimente bekommen von einer Person, von der sie es nicht erwarten würden bzw. mit der Sie gerade „ein Thema haben", kann das interessant für Sie sein. Eventuell soll hier von etwas abgelenkt werden. Sicherlich haben Sie auch schon einmal gehört, dass Männer ihren Frauen besonders dann teure Geschenke machen, wenn sie ein schlechtes Gewissen haben. Das ist genau der Ansatz, der hier greift.

Seien Sie auch auf der Hut, wenn Ihr Gegenüber auf einmal besonders höflich wird, vor allem sprachlich, wo er es vorher nicht war. Im Englischen wird hier gerne ein „Sir" oder „Madam" angehangen. Da wir im Deutschen (noch) meistens das „Sie" verwenden, wäre hier das Äquivalent auf einmal besonders häufig den Konjunktiv (als Höflichkeitsformel) zu nutzen und Weichmacherworte wie „eventuell", „gegebenenfalls" oder „vielleicht" anzuwenden. Achten Sie also auch hier von einer Abweichung der verbalen Base Line. Natürlich kann eine übertriebene und/oder auffällig plötzlich auftretende Höflichkeit auch im Handeln erfolgen. Plötzliche Aufmerksamkeiten, wie Tür aufhalten oder das Glas auffüllen, können ein Indikator sein, dass von etwas anderem abgelenkt werden soll. Auch hier gilt wieder: Achten Sie auf die Base Line und den Kontext!

5.12 Rechtfertigungen und Vielsprechen

Generell sollten Sie aufmerksam werden, wenn sich jemand extrem viel Mühe macht zu zeigen – oder vermeintlich zu verargumentieren –, warum er oder sie auf keinen Fall Schuld haben kann/verdächtigt werden sollte/nichts mit der Sache zu tun hat. Generell kann man sagen, dass, je mehr Mühe sich jemand gibt, seine Unschuld und Unbeteiligtheit zu zeigen, desto auffälliger oder gar verdächtiger wird es.

Wir sprechen umso mehr und versuchen mehr und mehr (vermeintliche) Argumente anzuführen, wenn wir uns rechtfertigen. Ansonsten würden wir lediglich kurz und knapp sagen, dass wir nichts mit der Sache zu tun haben. (Zu) viel sprechen macht also schnell verdächtig.

> **Übrigens:** Interessanterweise werden das Wort „Nein" sowie eine kurze und knappe Antwort vermieden, wenn wir irgendetwas mit dem Sachverhalt zu tun haben und wir wissen, dass wir „nicht ganz sauber" agiert haben. Achten Sie auch darauf!

5.13 (Vermeintliche) Amnesie

Achten Sie einmal darauf, ob eine Frage wirklich mit „Ja" oder „Nein" beantwortet wird. Sobald jemand in etwas „verwickelt" ist, wird er es vermeiden, das Wörtchen „Ja" oder „Nein" tatsächlich auszusprechen. Wir legen uns mit diesen Worten nämlich fest.

Deswegen ist es für unsere Zwecke so interessant, wenn wir Aussagen hören wie:

- Nicht, dass ich mich erinnern würde. Oder auch: Not that I would remember.
- Nach meiner Auffassung nicht … Oder auch: I have no recollection.
- Meiner Kenntnis nach nicht …

Auch bei unseren Politikern, die in Skandale verwickelt sind, hören wir Aussagen wie: „Daran kann ich mich nicht erinnern."

Der „Vorteil" liegt auf der Hand: Wer könnte das Gegenteil beweisen? Eine (vermeintliche) Gedächtnislücke hilft einem jeden Verdächtigten zunächst aus der Schlinge, ein Geschmäckle bleibt jedoch, würde doch eine klare Aussage jeden Zweifel ausradieren.

5.14 (Absichtliches) Nicht- oder Missverstehen

Eine weitere gerne angewendete Technik, vor allem vor Gericht oder bei Verhören, ist das (absichtliche) Missverstehen bzw. Nicht-Verstehen. Vorzugeben, die Frage nicht verstanden zu haben, sei es akustisch oder vom Sinn her, hat gleich zwei Vorteile – zumindest für den, der diese Technik anwendet: Sie bringt den Fragenden aus dem Fluss und sorgt zeitgleich dafür, dass der Befragte Zeit gewinnt, um seine Antwort geschickt zu formulieren. Für den Fragenden bringt sie gleich zwei Fallstricke mit: Nicht nur muss er sich immer wieder sammeln, um seinen roten Faden nicht zu verlieren, er muss und sollte sich extrem in Geduld üben, um nicht als unbeherrscht angesehen zu werden.

Erinnern wir uns noch einmal an den Dialog aus dem Kapitel „Gegenfrage".

- A: Lassen Sie uns über Virginia sprechen. Kennen Sie sie?
- B: Sie ist ... Wiederholen Sie Ihre Frage noch mal. Wer?
- A: Virginia.
- B: Können Sie das buchstabieren? (Statusspiel)

Natürlich geht ein absichtliches Miss- oder Nichtverstehen auch einfacher. So antwortete ein bekannter Fahrradfahrprofi auf seine Befragung hin einfach mit „häh?"

> **Übrigens:** Diese Technik ist eine Art „Separator". Als Separator bezeichnen wir alle Techniken, um den Gesprächsfluss zu stoppen. Das kann in lauterer oder eben unlauterer Absicht geschehen. Ein Glas, das (vermeintlich) unbeabsichtigt umgekippt wird, ein Stift, der (vermeintlich) herunterfällt, ein Mobiltelefon, das gerade (vermeintlich) klingelt oder vibriert, sind alles Mittel, um bei unliebsamen Themen geschickt abzulenken – mit der Chance, das Gespräch nach diesem Vorfall in eine andere Richtung zu drehen.

Wer von Ihnen Inspector-Columbo-Fan ist, weiß, wie stark das Mittel Naivität sein kann: Columbo gab sich nicht nur visuell als „zu unterschätzen", sondern auch mental. Ein bisschen schusselig und vergesslich kam er daher, und nicht zu vergessen: die aus der (vermeintlichen) Zerstreutheit resultierende berühmte letzte Frage beim Rausgehen. Diese Zutaten waren es, neben einigen anderen, die es ihn immer wieder gelingen ließen, die Verdächtigen zu überführen. Meist anhand ihrer eigenen Eitelkeit.

Sie selber können also sehr gut taktieren, wenn Sie sich naiver geben, als Sie in Wahrheit sind. Jeder gute FBI-

Agent führt so seine Befragungen durch. Nur wenn unser Gegenüber uns unterschätzt, fühlt er sich sicher – und begeht dann Fehler.

Umgekehrt sollten Sie auf der Hut sein, Ihr Gegenüber zu unterschätzen. Werden Sie nicht überheblich, wenn sich Ihr Gegenüber als besonders naiv gibt (übrigens wenden Frauen gerne diese Taktik an). Es könnte nämlich sein, dass Ihr Gegenüber diese Technik gerade bei Ihnen anwendet.

Halten Sie ferner nach weiteren verbalen Tells Ausschau, die oft für Täuschung oder zumindest Ablenkung stehen:

Möchte uns unser Gegenüber auf einmal gleich mehrere Male sein Unwissen, seine Unkenntnis „versichern"?

Verspricht er uns sogar Dinge?

Dann könnte es sich um eine „Overcompensating Language" handeln. Haben Sie das Gefühl, Ihr Gegenüber erzählt Ihnen zwar alles, auch wie er oder sie sich fühlt, aber sie sehen die Gefühle nicht? Dann könnte es sein, dass es sich um ein „Telling, not Showing" handelt. Der Sprechende hat ggf. vor lauter Stress die dazugehörigen Emotionen bei seiner Darlegung vergessen.

Übernimmt Ihr Gegenüber, vielleicht sogar noch freiwillig und ungefragt, die Verantwortung für eine Sache? Dann könnte es sein, dass er oder sie von einer noch größeren Sache ablenken möchte. Seien Sie immer hellhörig und hören Sie in sich hinein. Fühlt sich etwas nicht stimmig an?

Versuchen Sie dann, diese Sprechmuster mit anderen nonverbalen Tells zusammenzubringen. Bekommen Sie ein Cluster, könnten Sie einer Täuschung auf die Schliche gekommen sein. Hier wird es dann interessant, die richtigen Frage- und Verhandlungstechniken anzuwenden, um Sicherheit zu bekommen.

5.15 Steigende Tonhöhe

Wenn wir uns aufregen, steigt unsere Tonlage. Das liegt an unserer höheren Muskelspannung. Wenn wir uns anspannen, wird auch unsere Stimme angespannt. Versuchen Sie also erneut herauszufinden, was das Thema war, wenn Sie einen Anstieg der Tonhöhe beobachten. Sie haben dann einen guten Hinweis, was die Erregung verursacht hat.

5.16 Erhöhte Sprechgeschwindigkeit

Dasselbe passiert mit unserer Sprechgeschwindigkeit. Sobald Sie die normale Geschwindigkeit Ihres Gesprächspartners kennen, werden Sie leicht eine Geschwindigkeitssteigerung feststellen können. Wir sprechen schneller, wenn wir erregt sind. Diese Erregung kann positiv (Freude) oder negativ (Wut) sein.

Versuchen Sie, das Thema im Auge zu behalten, über das Sie gesprochen haben, um einen Bezugspunkt zu erhalten.

Im Folgenden schauen wir uns noch einige nonverbale Tells an, die gerne mit verbalen Signalen zusammenfallen.

5.17 Vermeiden von Augenkontakt

Wenn wir schuldig sind bzw. uns so fühlen, wird es uns schwerfallen, Augenkontakt zu halten. Entweder vermeiden wir ihn ganz oder wir können ihn schwer halten. Ein Blick nach unten steht ebenfalls für Schuld und Scham.

Auch hier ist wieder sehr auf die Base Line zu achten. Fällt es Ihrem Gegenüber immer schwer, Augenkontakt zu halten, gehört es zu seiner Base Line. Wird ein Blickkontakt bei oder nach einem bestimmten Thema offenbar, wird es interessant für Sie.

5.18 Übersprungshandlungen

Nervöse Gesten wie Zippeln und Fummeln an der Kleidung oder den Fingern zeigen, dass wir, wie der Name schon sagt, nervös sind. Es sind Übersprungshandlungen, die uns helfen sollen, unseren hohen Adrenalinspiegel abzubauen. Neben Fummeln an der Kleidung oder den Fingern können es auch Gesten sein, die allgemein als Beruhigungsgesten gelten. Dazu gehören etwa Streichen über den Nacken (bei Männern), Spielen an der Kette oder in der Drosselgrube (Frauen). Generell sind Streichgesten aufschlussreich. Streichen über die Oberschenkel beim Sitzen zeigen normalerweise an, dass wir gehen möchten. Und das ist in Situationen, in denen wir in Stress geraten, auch der Fall. So zeigen wir unbewusst, dass wir der Situation entfliehen möchten.

Auch ein Griff zur Nase oder ein Verdecken des Mundes können interessant werden, wenn Sie andere nervöse Gesten entdecken. Generell steht ein Verdecken des Mundes, genau wie das Verstecken der Lippen (Lip Compression), für ein Zurückhalten von Informationen. Wir beißen uns wortwörtlich lieber auf die Zunge, bevor wir „zu viel" oder etwas „Falsches" sagen. In eine ähnliche Kategorie fällt das „auf die Lippen beißen", zumeist auf die untere.

5.19 Versteifen

Das Gegenteil von nervösen Gesten und Übersprungshandlungen ist das Steifwerden des Körpers. Denken Sie an die 3 Fs, unsere drei Reaktionsmöglichkeiten Fight, Flight, Freeze. Bei Angst versteifen wir förmlich. „Es fröstelt" uns oder „läuft uns kalt den Rücken runter". Dies kann auch in Stresssituationen der Fall sein.

> **Übrigens:** Schweigen kann „Schuld" bzw. „Insiderwissen" bedeuten. Es kann aber auch eine Manipulationstechnik sein und für Machtspiele benutzt werden. In dem Fall wird ein Hochstatus durch Schweigen, i. e. Vorenthalten von Informationen, hergestellt. Beides sollte Sie hellhörig werden lassen.
>
> Ferner achten Sie darauf, ob schlicht und einfach „Nein" gesagt und eine kurze Antwort gegeben wird. Denn wenn wir nichts mit einer Sache zu tun haben, sagen wir „Nein" und fühlen uns höchstens bemüßigt, eine kurze (!) Information dazu zu geben.

> **Prüfen Sie Ihr Wissen!**
>
> Nennen Sie bitte, ohne nun noch einmal nach vorne zu blättern, mindestens 5 Tells, die auf eine Täuschung hindeuten könnten:
>
> 1. Tell:
> 2. Tell:
> 3. Tell:
> 4. Tell:
> 5. Tell:

Literatur

Adams, S. (1996). Statement Analysis. What Do Suspects' Words Really Reveal?. FBI Law Enforcement Bulletin, Volume 65. Issue 10. S. 12-20.

Beck, G. (2007). Verbotene Rhetorik. Die Kunst der skrupellosen Manipulation. Piper.

Bowden, M. & Thomson T. (2018). Truth and Lies. What people are really thinking. Harper Collins Publishers.

Douglas, J. E. (2013). Crime Classification Manual: A Standard System for Investigating and Classifying Violent Crime. John Wiley & Sons Inc.

Hartley, G. (2011). The Most Dangerous Business Book You'll Ever Read. Wiley.

Hughes, C. (2017). The Ellipsis Manual. Analysis and engineering of human behavior. Evergreen Press.

Teil III

Gesprächstechniken für Jobinterviews, Verhandlungen und Verhöre

Bis hierher haben wir viel über nonverbale und verbale Signale gelesen. Über Sprachmuster, die abweichen und die ggf. für Täuschungsversuche stehen. Wir haben also bis hierher viel darüber erfahren, wie wir unser Gegenüber gut auslesen – und damit gut einschätzen – können. Doch wie steht es um uns? Kommen wir nun einmal zu Techniken, die wir anwenden können, und teilweise auch anwenden sollten, um Gespräche, Verhandlungen oder Verhöre zu unseren Gunsten zu gestalten. Teilweise durch lautere, teilweise durch etwas unlautere Taktiken.

6
Äußere Umstände

6.1 Lichtsetzung

Wie einige von Ihnen wissen, komme ich aus der Film- und Medienbranche. Und wer, wenn nicht Foto- und Videografen, wüssten um das Spiel von Licht und Schatten. Dieses Wissen können wir uns psychologisch zu Nutze machen.

Sicherlich kennen Sie auch aus Filmen die Technik, den Verdächtigen bei Vernehmungen in kaltes Scheinwerferlicht zu tauchen. Wenngleich drastisch, ist der Lichteinfall ein entscheidender – nicht nur in der Film- und Fotowelt.

Denn derjenige, der im Licht sitzt, fühlt sich nicht nur „durchleuchtet" und damit bloßgestellt, er ist es quasi auch.

Wenn Sie nun als HR-Head-of-Department Bewerbungsgespräche führen oder organisieren, können Sie dieses Wissen für sich nutzen. Möchten Sie die Stressresistenz Ihres Bewerbers testen? Dann sollten Sie nicht nur einen großen hallenden Raum wählen mit möglichst vielen Beisitzern auf Ihrer Seite, auch sollten Sie „mit dem Licht" sitzen – und Ihr Bewerber dagegen. So können nicht nur Sie besser sehen, was in seinem Gesicht vor sich geht, beispielsweise leichtes Erröten und andere nonverbale Signale (siehe weiter oben im Buch), sondern er kann auch gleichzeitig schlechter sehen, was in Ihrem Gesicht vorgeht. Da das Licht von hinten kommt, ist Ihr Gesicht nicht bzw. kaum ausgeleuchtet. Das macht ein Lesen schwieriger. Ihr Bewerber derweil ist „bestens ausgeleuchtet", da die Lichtquelle von vorne kommt.

Sie sind der Bewerber? Dann haben Sie nun, nachdem Sie den obigen Abschnitt gelesen haben, zumindest den Vorteil, dass Sie jetzt um die manipulativen Mittel wissen, die Ihr (vielleicht) zukünftiger Arbeitgeber gegebenenfalls anwendet. Im oben beschriebenen Setting haben Sie gleich mehrere Stressfaktoren zu bewältigen:

- Sie befinden sich im „Revier" des Anderen.
- Sie sind alleine, die anderen sind im „Rudel".
- Sie sitzen im „Rampenlicht", die anderen nicht.
- Sie befinden sich im Tiefstatus, weil Sie etwas von der anderen Seite möchten.

Alleine der Gang in einen großen, hallenden Raum, bei dem bereits beim Hereintreten die Augen „der Anderen" auf uns ruhen, während wir den Raum durchschreiten müssen, kann wie ein Gang zum Schafott für uns sein. Die Stille, die dazu noch herrscht, lässt die Anspannung beinahe zum Bersten bringen.

6.2 Sitzpositionen

Ein in meinen Seminaren sehr beliebtes „Experiment" ist das der Sitzpositionen. Wer in Verhandlungen, Verhöre oder Bewerbungsgespräche geht, sollte die Kunst der Sitzpositionen beherrschen. Denn neben der Lichtquelle ist noch etwas anderes entscheidend – der Winkel.

Wenn Sie schwierige Unterhaltungen oder Verhandlungen vor sich haben, sollten Sie ein Gegenübersitzen tunlichst vermeiden. Sich gegenüberzusitzen bedeutet immer und stets „Spannung". Nun gibt es positive und negative Spannung. Sollten Sie also auf einem Date sein und (positive) Spannung erzeugen wollen – und davon gehe ich aus –, ist diese Sitzposition Ihre Sitzposition der Wahl. Für Gespräche, bei denen Sie bereits absehen können, dass sie heikel werden können, vermeiden Sie bitte die 180 Grad.

Gegenüber stehen oder sitzen steht für Konfrontation und erzeugt Spannung. Im Guten wie im Schlechten.

Versuchen Sie einmal, Spannung herzustellen, indem Sie nebeneinander sitzen. Es wird Ihnen kaum gelingen. Wenn wir nebeneinander sitzen oder stehen, befindet sich keiner in unserer Fluchtlinie. Keinen, den wir als „Gegner" betrachten könnten, wollten oder würden. Stattdessen „hören" wir unseren Gesprächspartner nur. Wir schauen, im wahren wie im übertragenen Sinne, in dieselbe Richtung. Wir sprechen auch von „Schulterschluss" als Metapher. Und genau das passiert hier. Nebeneinander zu sitzen, zu stehen oder zu gehen beruhigt und lässt Gleichklang entstehen.

In Gesprächen zu zweit kann ein Nebeneinander-Sitzen vielleicht etwas irritieren. Allerdings ermutige ich meine Klienten sehr gerne, die Sitzordnung aufzuweichen, wenn beide Parteien mit mehreren Personen erscheinen. Setzen Sie sich zu der „anderen Partei", auch gerne über Eck. Sie werden verwundert sein, was alles passiert. Nicht ohne Grund sind Verhandlungstische heute gerne oval oder rund.

Und damit kommen wir zu der Sitzposition, die von der überwältigenden Mehrheit als angenehm wahrgenommen wird: dem Sitzen (oder Stehen) im (mehr oder weniger) 90-Grad-Winkel. Wir erzeugen mit diesem Winkel weder starke Spannung in die eine oder andere Richtung, noch lassen wir durch einen „Schulterschluss" Gleichklang, um nicht zu sagen, Gleichmut, entstehen. Der eingedrehte 90-Grad-Winkel wird von fast allen meinen Klienten als absolut angenehm empfunden. Sowohl als Nachrichtenüberbringer, als auch Nachrichtenempfänger. Beide Seiten finden ein (Er-)Arbeiten in dieser Sitzposition als am einfachsten und angenehmsten.

Auch wenn es fast absurd simpel klingt, machen die Winkel, in denen wir zueinander stehen oder sitzen, einen Riesenunterschied in der Wirkung – und damit auch einen Riesenunterschied für den Verlauf des Gesprächs.

6.3 Abstände und Distanzen

Wir bleiben beim Setting. Auch die Abstände zu unseren Gesprächspartnern können entscheidenden Einfluss haben, ob ein Gespräch gut funktioniert oder nicht. Wenn wir die ungeschriebenen Gesetze der Abstände nicht einhalten, laufen wir Gefahr, dass das ganze Gespräch nicht die gewünschte Richtung nimmt. Die hier aufgeführten Abstandszonen gelten zunächst für den mitteleuropäischen Raum, sind Distanz- und Abstandszonen doch sehr kulturabhängig. Sollten Sie sich unsicher sein, halten Sie lieber mehr als zu wenig Abstand ein.

6 Äußere Umstände

Es gibt verschiedene Theorien, so auch eine von Edward T. Hall. Edward T. Hall war ein nordamerikanischer Anthropologe. Er untersuchte u. a. interkulturelle Interaktionen und unterschied zwischen vier verschiedenen Distanzzonen, die im Folgenden aufgeführt werden:

- intime Zone,
- persönliche Zone,
- soziale Zone,
- öffentliche Zone.

Wo die intime Zone wenige Zentimeter zu unserem Gegenüber beträgt und nur unseren nächsten und vertrautesten Mitmenschen vorbehalten ist, zeichnet sich die öffentliche Zone dadurch aus, dass wir etwa 3 bis 7 Meter von unserem Gegenüber entfernt sind und so den ganzen Menschen von Kopf bis Fuß sehen können.

Für unseren Kontext sind also vor allem die persönliche und die soziale Zone wichtig. Die persönliche Zone liegt bei unter einem Meter. Die soziale Zone, die vor allem bei Kontakten Anwendung findet, wie beruflichen Bekanntschaften, liegt bei einem bis etwa zwei Metern Abstand.

Wenn wir nun in Bewerbungs- oder Verhandlungssituationen diese beiden Zonen bewusst einmal aufbrechen, können wir gut feststellen, wie der Andere zu uns steht.

> **Beispiel**
>
> Sie starten eine Verhandlung. Nach der förmlichen Begrüßung starten Sie mit dem Small Talk und bei einer sich bietenden Gelegenheit berühren Sie lachend kurz den Unterarm Ihres Gegenübers. Diese Geste funktioniert übrigens auch ohne direkte Berührung. Bleibt Ihr Gegenüber stehen oder weicht er zurück? Erwidert er sogar Ihre Geste? So können Sie herausbekommen, wie Ihr Gegen-

> über zu Ihnen steht. Wenn er „das Weite" sucht, wissen Sie, dass er Ihnen nicht zu positiv eingestellt ist und lieber seine Distanz wahren möchte. Bei gegenteiligem Verhalten haben Sie ein positives Feedback bekommen und wissen so, dass Ihr Gegenüber Ihnen sehr freundlich gestimmt ist.

Achtung! Diesen „Test" mit der Berührung sollten Männer nicht bei Frauen ausprobieren. Zu groß die Gefahr, dass dieses Verhalten als übergriffig empfunden wird. In dieser Konstellation wenden Sie bitte die Variante „ohne Berührung" an. Ein Ausfahren des Arms in Richtung des Gesprächspartners und ein Andeuten einer Geste, wie z. B. den Unterarm berühren oder zum Platz geleiten, können auch ohne körperlichen Kontakt geschehen.

Umgekehrt können Sie irritierend wirken, wenn Sie nicht um diese gängigen Abstandszonen wissen. Kommen Sie in Gesprächen mit bspw. beruflichen Kollegen zu nahe, werden Sie als unangenehm wahrgenommen. Wir fühlen uns durch die inadäquate Nähe bedroht bzw. bedrängt. Achten Sie daher auch und unbedingt auf die Reaktionen Ihres Gegenübers. Sucht er Ihre Nähe, können auch Sie mit geringerem Abstand agieren, bleibt er auf Distanz, sollten Sie das unbedingt akzeptieren.

7

Charisma-Tells nutzen

Kommen wir, bevor wir uns den Gesprächstechniken widmen, noch auf einige weitere höchst charismatische Gesten zu sprechen. Diese gelten nahezu universell als sehr positiv und angenehm. Möchten Sie also charismatisch gelten, wenden Sie diese Mittel an. Möchten Sie im Gegenteil den Bad Cop spielen, unterlassen Sie diese Gesten besser.

Doch was macht Charisma eigentlich aus? Die bislang beste Beschreibung zu diesem Phänomen habe ich bei Vanessa Van Edwards gefunden. Sie beschreibt Charisma als eine gelungene Mischung aus Wärme und Kompetenz. Nur ein ausgewogenes Verhältnis macht das Charisma aus. Zu viel Wärme wird oft als People Pleasing missverstanden, zu viel Kompetenz als unnahbar und „kühl".

Was also sind die Tells für Charisma?

7.1 Fronting

Ein sehr gutes Mittel, um einen guten und charismatischen Eindruck zu hinterlassen, ist das so genannte Fronting. Wie der englische Ausdruck bereits impliziert, ist hier unsere gesamte vordere Körperhälfte zu sehen, um Engagement zu zeigen. Wir sind unserem Gegenüber komplett zugewandt. Von den Fußspitzen bis zum Kopf. Oder, wie die englische Sprache es wieder so schön kompakt benennen kann: the 3 Ts: Toes, Torso, Top.

Das Fronting, also Zugewandtsein, ist ein höchst charismatisches Mittel, zeigt es doch unser Interesse an unserem Gesprächspartner. Wenn Sie dann noch beim Zuhören immer mal wieder entspannt nicken, um Ihrem Gegenüber Ihr Zuhören und ein nonverbales „Ja, ich verstehe dich." zu signalisieren, werden Sie als sehr empathischer und angenehmer Gesprächspartner wahrgenommen. Gleichzeitig wirken diese beide Gesten, Nicken und Fronting, sehr gesprächsanregend. Möchten Sie Informationen erhalten? Dann sind diese beiden Gesten Ihr Mittel der Wahl. Möchten Sie im Gegenteil Ihren Gesprächspartner stoppen, weil er „wie ein Wasserfall" spricht? Dann nutzen Sie Barrieregesten, wie etwa das Armekreuzen und/oder Wegdrehen.

Wie also beschrieben, ist das komplette körperliche Zugewandtsein sehr positiv konnotiert. Wir fühlen uns wichtig und anerkannt, wenn uns unser Gegenüber seine ungeteilte Aufmerksamkeit schenkt. Auch das Mobiltelefon sollte hier demonstrativ ausgeschaltet und in die Tasche gesteckt werden, denn diese Geste zeigt: „Jetzt bin ich ganz bei Ihnen/Dir".

7.2 Nicken

Entspanntes Nicken zeigt aktives Zuhören und Verständnis. Vor allem dreimaliges Nicken kann Wunder bewirken. Experimente haben gezeigt, dass Menschen bis zu 67 % mehr erzählen, wenn ihr Gegenüber verständig nickt. Sogar ganze Urteile fielen in die eine oder andere Richtung aus, wenn Juroren bei bestimmten Zeugenaussagen nickten.

Wir nicken, wenn wir Ermutigung und Einverständnis demonstrieren möchten. Übertreiben Sie es dabei jedoch nicht. Wenn Sie permanent nicken, wirkt das schnell wie ein Wackeldackel. Ferner beachten Sie hier bitte auch interkulturelle Unterschiede. In Indien, Bulgarien oder Pakistan bspw. wird das Kopfnicken anders gelesen.

7.3 Lächeln

Lächeln, und zwar das echte, wird universell als positives Zeichen gewertet. Wir erinnern uns sogar einfacher an die Namen derjenigen Personen, die besonders herzlich gelächelt haben. Dosiert angewendet, ist Lächeln der Charisma Tell schlechthin. Auch hier gilt allerdings wieder: Context is key. Wenn es ernst wird, hat ein Lächeln hier nichts zu suchen. Wenn Sie in unpassenden Situationen lächeln, wird Sie das in den Tiefstatus versetzen. Im Gehirn Ihres Gegenübers wird die Idee entstehen, dass Sie den Konflikt meiden und deswegen „tapfer" weiter lächeln. Abgesehen davon, dass dieses Lächeln kein echtes mehr ist, gilt dieses Lächeln dann als unterwürfig. Und Unterwürfigkeit ist kein Charisma-Merkmal.

7.4 Augenkontakt

Ein angenehmer Augenkontakt wird als höchst charismatisch empfunden. Doch was ist ein „angenehmer Augenkontakt"? Und wo liegt die Grenze zwischen „schauen" und „starren"? Auch hier haben wir wieder ganz klare Vorgaben, wann ein Augenkontakt als angenehm erachtet wird. Wenn wir von einem Business Context ausgehen, sollte ein Augenkontakt nicht länger als 1,5 Sekunden dauern. Sie sehen also: Ein Blick in beruflichen oder öffentlichen Zusammenhängen ist gar nicht lang. Nun werden Sie nicht mit der Stoppuhr in der Hand überprüfen, wie lange Sie gerade schauen bzw. ob Sie ggf. zu lange schauen. Auch hier können wir uns wieder auf unsere Intuition verlassen. Instinktiv merken wir, wenn wir den anderen „zu lange" angeschaut haben. Nun wissen Sie, dass Sie nach etwa einer Sekunde weiterwandern zum nächsten Gesicht.

Unterscheiden sollten wir in diesem Zusammenhang auch zwischen „in die Augen schauen" und dem „im Gesicht umherwandern". Denn Ersteres wird schnell als „starren" empfunden, Zweiteres als „angenehmer Augenkontakt". Dabei wandern wir im oberen Teil des Gesichtes umher. In ein Auge geblickt, dann ins andere, die Augenbrauen, Wangen und Nasenrücken werden ebenfalls bedacht. Rutschen Sie bitte nicht in den unteren Teil des Gesichtes Richtung Mund (oder gar noch tiefer). Zu schnell irritiert uns das, zu schnell befürchten wir, dass wir „etwas am Mund" hängen haben. Ist es der Spinat zwischen den Zähnen oder ein Krümel am Mund? Ein Blick zum Mund gilt nicht als charismatisch.

Sie merken bereits – auch hier gilt wieder: Sollten Sie diese Hinweise genau gegenteilig nutzen, sei es, indem Sie zu lange schauen, auf den Mund schauen, gar keinen

Blickkontakt aufbauen, gar kein Lächeln zeigen, nur gelangweilt über die Schulter mit Ihrem Gesprächspartner kommunizieren, begeben Sie sich aufs Terrain der manipulativen Techniken, also der „Dirty Tricks". Sie arbeiten dann unlauter und manipulativ. Sollte das Ihre Intention sein, werden Sie damit Erfolg haben, denn sehr schnell lassen wir uns von „falsch" angewandten verbalen und nonverbalen Signalen verunsichern. Gleichzeitig ist es auch für Sie wichtig, Ihr Gegenüber selbst zu „decoden", also zu lesen. Ihr Gegenüber zeigt diese „respektlosen", „unhöflichen" Gesten? Dann werden Sie ein manipulatives Gegenüber vor sich haben. Gleich, ob dieses Verhalten bewusst oder unbewusst von Ihrem Gesprächspartner angewandt wird. Hier ist „Vorsicht" die Devise. Sie befinden sich in Macht- und Statusspielen und sollten entsprechend darauf reagieren!

Im Übrigen sollten Sie Ihre Blicke stets „gerecht" verteilen. Jeder Gesprächspartner wird mit einem Blick bedacht, wenn Sie ein größeres oder großes Publikum vor sich haben, bekommen jede Seite und jede Ecke einen (vermeintlichen) Augenkontakt. Werden wir nicht mit Blicken bedacht, fühlen wir uns, im wahrsten Sinne des Wortes, „ungesehen". Wir empfinden Menschen, die uns nicht anschauen, schnell als unsympathisch. Was also passiert, ist, dass Sie Gefahr laufen in Ihrer Person und, vielleicht noch schlimmer, mit Ihren Inhalten und Ideen abgelehnt zu werden. Und das vielleicht nur, weil Sie Ihren Blick „ungerecht" verteilt haben und einige Zuhörer nicht mit Ihrem Blick bedacht haben.

Achten Sie bei dem Thema „Blickkontakt" auch wieder auf interkulturelle Unterschiede. Augenkontakt mit Vorgesetzten oder „Ranghöheren" herzustellen gilt bspw. in Japan als unhöflich.

7.5 Die 3 As: Acceptance, Acknowledgement, Appreciation

Eine erneute „rule of 3". Wo ich gerne von meinen „drei Ps" spreche, wenn es um Präsentationen geht (Preparation, Passion, Professionalism), geht es hier einmal mehr um die Präsenz und das Commitment, das wir unserem Gegenüber entgegenbringen können - und sollten, wollen wir charismatisch wirken. Es greift in die Idee über, die ich ganz am Anfang des Buches bereits erwähnte. Die Idee, unser Gegenüber nicht zu bewerten oder gar zu verurteilen, sondern ihn als Fakt anzusehen. Und sich ihm entsprechend, ohne Vorurteile zu nähern. Je besser wir akzeptieren, respektieren und anerkennen können, desto besser wird uns das in ein Gespräch starten lassen können.

Sollte Ihnen das nicht automatisch und von Herzen gelingen - denn wir können nicht allen Menschen dieselbe Sympathie entgegenbringen -, empfehle ich meinen Klienten gerne folgende Tipps: Versuchen Sie innerlich, Ihrem Gegenüber ein Kompliment auszusprechen. Hat es eine schöne Krawatte an? Eine schöne Stimme? Hat es tolle Haare? Interessante Ansichten? Allein das innere, nonverbale, positive Auseinandersetzen mit unserem Gegenüber hat den wunderlichen und gleichzeitig wunderbaren Effekt, dass wir selber direkt viel zugänglicher wirken. Eine weitere Methode, die vor allem für Bühnenanlässe angewendet wird, doch ebenso für alle anderen Gesprächssituationen gleichermaßen gilt, ist die Technik, imaginäre Silberfäden durch den Raum zu senden. Das klingt jetzt vielleicht alles etwas mystisch, verfehlt aber seine Wirkung fast nie. Diesen Techniken liegt nämlich zugrunde, innerlich (!) mit einer positiven Stimmung und Einstellung in ein Gespräch zu gehen. Nur so haben Sie gute Chancen, das Gespräch, vor allem ein schwieriges, positiv zu gestalten.

7.6 Empathie

Genau wie beim Mirroring versuchen wir bei unseren Gesprächspartnern Sympathie und Empathie herzustellen. Diese sollten für beide Seiten gelten. Was unsere eigene Empathiefähigkeit angeht, können wir diese recht gut steuern. Doch wie schaffen wir es, Empathie für uns bei unserem Gegenüber zu generieren? Mit dieser Frage bleiben wir sowohl im wörtlichen als auch übertragenen Sinne bei unseren „Wie"-Fragen. Wie schaffen wir das?

In Verhandlungen können wir diese Frage tatsächlich meist sehr gut stellen.

- Wie soll ich das anstellen?
- Wie kann ich das tun?
- Wie könnte das gehen?
- Wie sollte ich das machen?
- Wie meistern wir die Herausforderungen, die hieraus entstehen?

Weitere Fragen, die sich anbieten, sind:

- Wie können wir hier weiter verfahren?
- Wie haben Sie in der Vergangenheit mit Kunden wie uns zusammengearbeitet?
- Wie haben Sie diese Art Deals in der Vergangenheit behandelt?
- Wie können wir es schaffen, dass alle glücklich mit dem Abschluss sind?

Bei Verhören

- Wie können wir sicher sein, dass Ihre Geschichte stimmt?
- Wie können wir sicherstellen, dass alle wohlauf sind?

Natürlich sind hier sowohl unser Stimmeinsatz als auch unsere Intonation entscheidend. Auf keinen Fall sollte unser Sprechduktus gehetzt, ängstlich, ironisch oder verärgert klingen. Es sollte eine ernstgemeinte Frage an einen „Freund" sein. So haben wir die Chance, unseren Verhandlungs„partner" Empathie für uns abzuringen. Anhand dieser Fragen wird er sich bestenfalls in unsere Situation hineinversetzen – und versuchen, auch für uns einen guten Weg zu finden. Wenn wir einmal Empathie für unser Gegenüber aufgebracht haben, fällt es uns schwerer, ihn als „Feind" anzusehen. Und genau das sollte das Ziel einer jeden guten Verhandlung sein: das Ziel, dass beide Seiten das Gefühl haben, als Gewinner rauszugehen.

7.7 Vorlehnen

Wenn wir uns vorlehnen, also uns mit unserem Oberkörper unserem Gegenüber nähern, steht das immer für Engagement und Interesse. Wir lehnen uns natürlicherweise vor, wenn wir etwas riechen, etwas besser verstehen oder hören möchten. Es ist also ein ähnlicher Tell wie Fronting. Beides sind Gesten, die sehr charismatisch wirken können, allerdings sollten sie mit Bedacht und je nach Kontext angewendet werden.

Wenn wir uns vorlehnen, sehen wir nicht nur interessiert aus, wir fühlen uns auch so. Wir sagen körperlich: „Ich bin ganz bei dir!" Und dass wir uns so fühlen, liegt daran, dass beim Vorlehnen automatisch unser linker frontaler Kortex aktiviert wird. Und dieser steht für Motivation. Sicherlich fühlen auch Sie sich inspirierter, wenn Sie mit einem zugewandten, vorgelehnten Menschen sprechen als mit einem, der lässig zurückgelehnt sitzt. Zurückgelehntheit steht also eher für „cool", zurückhaltend, abwartend. Jedenfalls nicht für „Engagement". Daher sollten Sie auch nie einen Vertrag zur Unterschrift vorlegen, solange Ihr Gegenüber zurückgelehnt ist.

Vorlehnen in der Interaktion steht also erst einmal für Engagement. Gleichzeitig achten Sie jedoch bitte auch immer wieder auf Macht- und Statusspiele. Lassen Sie nicht das Spiegeln außer Acht. Wenn Sie vorgelehnt und Ihr Gegenüber zurückgelehnt ist, kommen Sie nicht gut in Kontakt. Ferner sitzen (oder stehen) Sie in der vorgelehnten Haltung noch obendrein im Tiefstatus. Und der wiederum ist nicht charismatisch. Sie sehen also, auch hier gilt: Context is key!

Nicht in allen Situationen ist Vorlehnen angebracht. Als Faustregel gilt: Sind Sie von Ihrer Stellung her sowieso im Hochstatus, können Sie sich mehr vorlehnen, um charismatisch zu wirken. Ein Beispiel wäre hier der HR Chef, der sich bei einem Jobinterview vorlehnt, um den Bewerber zu motivieren und zu zeigen, dass er sich auf das Gespräch freut.

Literatur

Navarro. J. N. Y. (2022). Kommunikation verbessern. 5 Bücher in 1. Die 5 Axiome der Kommunikation, Körpersprache, NLP, Emotionale Intelligenz, Kognitive Verhaltenstherapie Rhetorik, Schlagfertigkeit, Positive Psychologie.

Richter, S. (2012) Schauspieltraining. Ein Handbuch für die Aus- und Weiterbildung. Henschel Verlag.

Van Edwards, V. (2018). Captivate. The Science of Succeeding with People. Penguin.

Van Edwards, V. (2022). Cues. Master the Secret Language of Charismatic Communication. Penguin Business.

8

Vertrauensfaktor Stimme

Um nun die Techniken, die wir bis hierhin besprochen haben, professionell und überzeugend anwenden zu können, ist ein gekonnter Stimm- und Sprecheinsatz von entscheidender Bedeutung. Wie könnten wir überzeugend erscheinen, wenn wir selber ängstlich, sarkastisch oder unaufrichtig sind. Um Sicherheit und Vertrauen zu generieren, und darum geht es ja bekanntlich in kommunikativen Situationen, sollten wir auch stimmlich Sicherheit und Vertrauen herstellen können. Und das gelingt mit unserer Bruststimme. Die Bruststimme ist die Stimme der Überzeugung. Sie steht für Angstlosigkeit, also Selbstvertrauen, und Führungsqualität, da sie entschlossen und kraftvoll klingt. Hohe Stimmen und schnelles Sprechen stehen für Angespanntheit bis Angst. Drosseln Sie also Ihre Stimme. Sowohl hinsichtlich Schnelligkeit als auch hinsichtlich Höhe.

8.1 Die Stimme der Überzeugung

Möchten Sie stimmlich überzeugen, ist es wichtig, dass in Ihrer Stimme keine Angst mitschwingt. Angst ist generell die einzige Emotion, in der Sie tunlichst nicht sprechen sollten. In meinen Sprechseminaren gehe ich ausführlich darauf ein, was im Körper bei unseren Grundemotionen passiert. Die zwei wichtigsten Aspekte sind hier Muskelanspannung ja oder nein und Bewegung bzw. Ausagieren ja oder nein. Auch wenn wir an dieser Stelle hier nicht weiter darauf eingehen, wollen wir uns jedoch anschauen, wie wir in den verschiedenen Emotionen sprechen. Ein gekonnter Sprecheinsatz ist meiner Meinung nach entscheidend, um die in diesem Buch besprochenen Techniken überzeugend anzuwenden.

Wenn Sie wie die überwiegende Mehrheit funktionieren, passiert Folgendes mit Ihrem Sprechduktus, je nachdem in welcher Gemütsverfassung Sie sich befinden:

- Bei Angst sprechen wir schnell und leise. Gehetzt. Wenig Melodie.
- Bei Wut sprechen wir schnell und laut. Gereizt. Wenig Melodie.
- Bei Trauer sprechen wir langsam und leise. Betrübt. Wenig Melodie.
- Bei Freude sprechen wir schnell und laut. Erheitert. Viel Melodie.

Das heißt für Sie zuallererst, dass Sie weder schnell noch besonders laut oder besonders leise sprechen, da wir dies mit Angst und/oder Wut in Verbindung bringen. Auch leises und langsames Sprechen wird für erfolgreiche Verhandlungen nicht geeignet sein, da dieser Duktus für

Trauer steht. Wenn wir laut, schnell und dazu noch viel Intonation, also Melodie, in unsere Stimme geben, steht das für Freude.

Für Sie und in den hier besprochenen Fällen gilt der beruhigende, selbstsichere Sprechstil – denn Sie möchten Vertrauen und Sicherheit generieren. Auch stimmlich. Und das bedeutet Folgendes für Sie:

Die Stimme sitzt in der Brust. Sie sprechen angenehm in Lautstärke und Schnelligkeit. So, als wollten Sie eine Meditation anleiten. Oder, um mit den Worten von Verhandlungsexperte Chris Voss zu sprechen: Sie sollten Ihre „Late-Night-DJ-Stimme" anwenden. Langsam gesprochen, kraftvoll im Ton. Beruhigend im Klang. Schauen Sie sich doch noch einmal alte Derrick-Folgen an. Horst Tappert macht es Ihnen vor!

Gleichzeitig sind die oben aufgeführten Sprechmuster für Sie sehr aufschlussreich, wenn Sie sie bei Ihrem Kommunikationspartner feststellen. Sie können dann sofort auf die wirkliche emotionale Verfassung schließen, je nachdem, wie schnell und wie laut oder leise Ihr Gegenüber spricht. Geht der Stimmsitz nach oben Richtung Hals oder gar Kopf, steht das für Angespanntheit bis Angst. Tone, Pitch und Volume als auch der Stimmsitz sollten von Ihnen im Ohr behalten werden, um Rückschlüsse auf Emotionalitäten zu bekommen.

8.2 Kadenzen

Die meiner Meinung nach im deutschsprachigen Raum am meisten vernachlässigten Aspekte beim wirkungsvollen Sprechen liegen in der gekonnten Anwendung von Kadenzen. Kadenzen sind die Melodien, mit denen wir unsere Sätze beenden.

8.2.1 Steigende Kadenzen

Wir können mit der Stimme hochgehen zum Satzende oder auch runter-. Die meisten Menschen haben sich jedoch einen Up-Talk angewöhnt. Also ein Hochgehen mit der Stimme, obwohl sie Aussagesätze sprechen. Das kann fatal sein, stehen steigende Kadenzen, also ein Hochgehen mit der Stimme, doch für Verantwortungsabgabe, Unsicherheit und Inkompetenz. Oft wird dieser Sprechmelodie sogar Täuschung unterstellt. Die Theorie dahinter: Da wir selber wissen, dass wir lügen, gehen wir mit der Stimme hoch und stellen so intonationstechnisch eine Frage. Frei nach dem Motto: Kaufst du mir das ab, was ich dir hier gerade erzähle?

Sie sollten steigende Kadenzen also unbedingt vermeiden, solange Sie keine Fragen stellen. Und zwar Fragen, die Sie selber tatsächlich nicht beantworten können.

Eine richtige Anwendung für eine steigende Kadenz wäre beispielsweise: Wie war nochmal Ihr Name?

Steigende Kadenzen nutzen wir auch, wenn wir Dinge aufzählen. Spätestens wenn wir zum Satzende kommen, sollten wir dann jedoch auch stimmlich einen Punkt setzen.

Vermeiden Sie, vor allem in Bewerbungsgesprächen, unbedingt einen Up-Talk wenn Sie sich selber vorstellen! Sie berauben sich sonst selbst Ihrer Präsenz und Kompetenz, die Sie doch bestenfalls präsentieren möchten. Wenn Sie sich selber mir steigenden Kadenzen vorstellen, geschieht in den Köpfen Ihrer Zuhörer Folgendes:

„Sie ‚fragt' bei ihrem eigenen Namen. Offensichtlich weiß sie selber nicht, wie sie heißt. Kompetent wirkt sie jedenfalls nicht …"

„Hm, er spricht in Fragen. Er soll mein neuer Vorgesetzter sein ... Ob ich ihm die Führung anvertrauen kann ...?"

Natürlich gehen diese Gedanken nicht bewusst in den Köpfen vor. Sie geschehen unbewusst. Intuitiv entscheiden wir, ob wir jemanden als kompetent und vertrauenswürdig erachten. Und da kann eine falsch eingesetzte Kadenz verheerend wirken. Denken Sie daran, dass diese unbewussten Entscheidungen im Limbischen System gefällt werden. Nicht mit unserem Verstand!

8.2.2 Fallende Kadenzen

Wollen Sie besonders autoritär wirken, gehen Sie stark auf Punkt. Ein Sprechen mit stark fallenden Kadenzen wirkt streng, ernsthaft bis arrogant. Sollten Sie das einmal benötigen, wenden Sie hier gekonnt den Down-Talk an.

8.2.3 Schwebende Kadenzen

Unter normalen Umständen sind das charismatischste Mittel der Wahl die schwebenden Kadenzen. Hier bleiben Sie recht gerade, führen Ihre Sätze jedoch sauber zu Ende. So zeigen Sie auch stimmlich und anhand Ihrer Intonation: Ich weiß, was ich will und sage. Gleichzeitig bleibe ich in Kontakt mit meinem Gegenüber und rede auf Augenhöhe. Sie wirken weder unsicher noch arrogant. Sondern aufgeräumt und souverän.

Zusammenfassung: Steigende Kadenzen stehen für Tiefstatus, fallende für Hochstatus, schwebende für Kommunikation auf Augenhöhe.

Nutzen Sie dieses Wissen für sich. Ansonsten gilt auch hier: Context is key!

Literatur

Aich, J. (2009). Erfolgsgeheimnis Stimme. Besser sprechen – mehr erreichen. Cornelsen.

Bernhard, B. (2014). Sprechtraining für Schauspieler. Ein Übungsbuch für Körper, Stimme und Gehör. Henschel Verlag.

Enkelmann, N. B. (2007). Die Sprache des Erfolgs. Rhetorik und Persönlichkeit. So stärken Sie Ihr Ich. Linde International.

Hey, J. (1997). Der kleine Hey. Die Kunst des Sprechens. Schott.

Richter, S. (2012) Schauspieltraining. Ein Handbuch für die Aus- und Weiterbildung. Henschel Verlag.

9

Verhandlungstechniken

Nun, wenn wir die äußeren Umstände berücksichtigt und unsere nonverbalen Signale reflektiert haben, können wir beginnen, verbale Verhandlungstechniken anzuwenden. Denn diese können nur gut landen, wenn alles andere optimiert ist. Ein gutes Etikettieren bzw. Labeling hilft nicht, wenn die Stimme nicht gut eingesetzt ist etc. Stellen Sie sich sämtliche hier aufgeführten Tricks, Kniffe und Hacks als Zahnrädchen vor, die möglichst gut aufeinander abgestimmt sein sollten. Sie als Mensch müssen zuallererst punkten. Denken Sie immer daran: Wir kaufen nie ein Produkt, sondern immer beim Menschen. Emotion siegt über Intellekt. Das im Hinterkopf haltend, steigen wir ein, in die verbalen Techniken.

9.1 Etikettieren

Das Etikettieren ist eine Technik in der Gesprächsführung, um das Gehörte entsprechend zu „labeln", also ihm ein Etikett aufzudrücken. Es kann der Versuch sein, das Gegenüber zu verstehen und die Motivation dahinter in andere Worte zu fassen. Es kann allerdings auch ein absichtliches Missverstehen sein, um zu provozieren. Das wäre dann ein Mislabeling.

Diese Technik wurde von Mathew D. Lieberman begründet, einem Professor für Neurowissenschaften und Psychologie, der an der University of California Los Angeles (UCLA) lehrt. Bei diesem Ansatz geht es darum, Gefühle und Wahrnehmungen in Worte zu fassen.

Wichtig ist beim Etikettieren, nicht in der Ich-Form oder einer anderen Pronomen-Form zu sprechen. Es soll keine Ich-Botschaft oder Wir-Botschaft werden. Ziel ist es, eine (vermeintliche) Meta-Ebene verbal zu erzeugen. Satzanfänge, die sich dafür eignen sind z. B.:

- Es scheint, dass …
- Es sieht so aus als ob …
- Es fühlt sich so an, dass …
- Ist es so, dass ….?

Wenn Sie im Verkaufsgespräch oder bei Vernehmungen eine Äußerung hören, die etwas unsicher und zögerlich klingt, könnten Sie das entsprechend „labeln", in dem Sie sagen:

„Es hört sich so an, als würdest du noch zweifeln."
„Es scheint so, als wäre da noch etwas Unsicherheit in Ihrer Stimme."

Mit dieser Technik ermuntern wir bestenfalls unser Gegenüber, uns entweder zuzustimmen oder aber andere Beweggründe mitzuteilen, warum er noch zögerlich klingt. Eine typische Antwort wäre:

„Nein, nicht zweifeln, aber mir geht das etwas schnell."
Oder.
„Nein, nicht Unsicherheit, aber mir ist etwas peinlich, dass …"

Sollte Ihr Gesprächspartner zustimmen, haben Sie ebenfalls wertvolle Informationen erhalten und können sogleich weiter „labeln".

Wenden Sie diese Technik jedoch nicht zu oft an. Sie ist manipulativ und wirkt schnell übergriffig.

Ein Mislabeling kann da schon etwas verspielter wirken, sollte aber ebenfalls nur sparsam angewendet werden. Ein Beispiel hierfür wäre ein ironisches:

„Oh, es scheint, du bist begeistert", wenn unser Gegenüber es offensichtlich nicht ist.

In Verhandlungen über eine Deadline wäre ein Mislabeling z. B. Folgendes:

„Es scheint, wenn wir die Deadline nicht einhalten können … geht die Welt unter?"

Wichtig ist hier, dass auch wirklich mit steigenden Kadenzen gesprochen wird, also eine wirkliche Frage gestellt wird, bei der die Stimme zum Ende der Frage hochgeht. Ansonsten wirkt es zu ironisch, ja gar sarkastisch. Das wäre kontraproduktiv, wollen wir doch den wahren Grund erfahren, warum die Deadline so wichtig ist. Eine typische Antwort wäre hier:

„Nein, es geht nicht die Welt unter, aber wir wollen natürlich auch planen können."

So haben wir eine Information über die wirkliche Motivation gewonnen und können weiter verhandeln. Anbieten würde sich jetzt hier das lexikalische Spiegeln, in dem Wörter übernommen werden.

„Ok, Sie wollen planen können."

Und auch hier würden wir wiederum neue Informationen bekommen, die wertvoll für den weiteren Verlauf sein können.

9.2 Chunking

Eine im NLP gerne angewandte Sprachtechnik ist das Up- bzw. Down-Chunking. Wo das Down-Chunking besonders spezifisch und genau in der Sprache ist, ist das Up-Chunking sehr vage und unspezifisch. Es lässt viel Raum für Interpretation. Gleichzeitig eröffnet diese Art der Sprachanwendung einen guten Zugang gerade in sensiblen Situationen wie Verhören und Vernehmungen.

Wir haben weiter oben bereits gelernt, dass sprachliche Distanzierung ein aufschlussreicher Indikator ist. Sie ist eine Art Red Flag für uns, da hier Täuschung bzw. das Verschleiern von Tatsachen vorliegen könnte. Wenn der vermeintlich Verdächtigte nun selber schon in vage und unspezifische Sprache verfällt, sollten wir als (Be-)Fragende das selbstverständlich auch tun. Sie werden kein Geständnis erhalten, wenn Sie sagen: „Komm schon, du hast das doch geklaut!"

Um uns selber und unseren moralischen Kompass einigermaßen zusammenzuhalten, neigen wir dazu, eine solche Missetat vor uns selber zu verneinen. Und wenn wir sie uns selber schon nicht eingestehen können oder wollen, werden wir das erst recht nicht vor anderen Menschen tun. Gehen wir also ins Up-Chunking und werden auch wir unspezifisch und damit vage in unserer

Sprache. Sogleich hört sich der Vorwurf sehr viel weniger drastisch an: „Könnte es vielleicht sein, dass du das mitgenommen hast?" Hier würde uns ein „Ja" schon sehr viel leichter über die Lippen kommen.

Doch auch in Mitarbeiter- und/oder Bewerbungsgesprächen ist diese Art der „weiten Sprache" sehr hilfreich.

> **Beispiel**
>
> „Wenn ich das Wort ‚Schule' sage, welche Erinnerungen kommen Ihnen da in den Sinn? Und was könnte der Mehrwert dieser Erinnerungen für Ihr Leben heute sein?"

Diese Art von Fragen lässt dem Antwortenden sehr viel mehr Spielraum. Wir können sehr viel mehr erfahren. Eine „Frage" wie: „Wenn ich das Wort ‚Schule' sage, kommen Ihnen sicherlich auch komische Erinnerungen wie dunkle Flure und seltsame Lehrer. Was haben Sie denn noch so an Erinnerungen?"

Sie sehen, wie sehr wir hier den Befragten bereits durch die Fragestellung in eine Richtung drängen und mögliche (positive) Gedankengänge bei ihm verhindern.

Gute Worte zum Up-chunken sind auch Weichmacher wie „vielleicht", „unter Umständen", „eventuell" und zeitliche ungenaue Angabe wie „dieser Tage", „einige Stunden" und Ähnliches.

Gut zu verbinden ist das Up-Chunking mit den VAK-Zugängen. Wenn wir (noch) nicht sicher sind, auf welchem Wahrnehmungskanal unser Gegenüber besonders zugänglich ist, können wir einfach mehrere Kanäle anbieten: „Vielleicht riechen Sie auch den Kaffee in der Luft, gegebenenfalls fällt Ihnen aber auch der tolle Ausblick von hier oben auf." Je nachdem auf welches

„Angebot" (Kaffeeduft oder Ausblick) unser Gegenüber eingeht, haben wir wieder wichtige Informationen sammeln können. Unsere zukünftige Kommunikation können wir auf den bevorzugten Kanal unseres Gegenübers aufbauen und abstimmen.

9.3 Wie und Was statt Warum

Erinnern Sie sich noch an den Sesamstraßen-Song „Wer, wie, was, wieso, weshalb, warum – wer nicht fragt bleibt dumm"? Wie die Sesamstraße schon wusste, sind Fragen eine gute Art, etwas herauszufinden. Und vielleicht war es durchaus durchdacht, das „Warum" im berühmten Sesamstraßen-Song mit seinen Synonymen „Wieso" und „Weshalb" ganz nach hinten zu setzen. Denn diese Fragen sollten wir in der Tat als Letztes nutzen. Statt „Warum", „Wieso" oder „Weshalb" sollten wir uns viel mehr auf das „Wie" und das „Was" konzentrieren. Wo die Frageworte Warum, Wieso und Weshalb sehr inquisitorisch wirken und wir uns sofort in der Defensive wiederfinden, kommen das „Wie" und das „Was" als freundlich und interessiert daher. Vergleichen Sie selbst:

> **Beispiele**
> - „Warum hast du das getan?" oder
> - „Wie kam es dazu, dass du das getan hast?"
> - „Warum hast du erst um 23 Uhr angerufen?" oder
> - „Wie ist es gekommen, dass du um 23 Uhr schließlich angerufen hast?"
> - „Warum sollen wir in drei Wochen liefern?" oder
> - „Was macht es wichtig für Sie, dass wir in drei Wochen liefern?"
> - „Warum soll ich das tun?" oder
> - „Wie soll ich das anstellen?"

Sie merken vielleicht, dass wir mit „Wie"- und „Was"-Fragen unser Gegenüber sehr viel stärker einbeziehen. Es entsteht eine Unterhaltung auf Augenhöhe, eine (mehr oder weniger versteckte) Anklage ist bei „Warum"-Fragen sehr viel mehr gegeben als bei „Wie"- oder „Was"-Fragen. Auch eine vermeintliche Ironie kann bei „Wie"- oder „Was"-Fragen schwerer unterstellt werden.

Gerade in sensiblen Gesprächen wir High-Stake-Verhandlungen oder Vernehmungen und Verhören sind diese Fragen absolut angezeigt.

9.4 Unerwartete Fragen stellen

Die Columbo-Fans von Ihnen kennen diesen Effekt nur zu gut. „Eine Frage noch …", als sich der Verdächtige bereits in Sicherheit wog und sich unbeobachtet fühlte … Nur zu gut waren dann die Stresssignale zu erkennen. Das Schutzschild war gerade heruntergefahren, die Frage und das Zurückkommen des Inspectors zu unerwartet …

Diese Technik können wir uns natürlich auch zunutze machen. Wechseln Sie unvermittelt das Thema, stellen Sie eine Frage zu einem völlig anderen Thema. Oder stellen Sie Fragen in den unverfänglichsten Situationen. Noch eine Frage, die es in sich hat, NACH der eigentlichen Vernehmung oder dem Jobinterview können höchst interessante Einblicke geben. Das Schutzschild ist unten, Entspannung setzt ein – und diese nutzen Sie für sich.

9.5 Die Illusion von Kontrolle generieren

Durch die oben aufgeführten Techniken können wir zusätzlich das Gefühl bei unserem Gegenüber erzeugen, die Kontrolle über die Abläufe zu haben. Das ist natürlich sowohl bei schwierigen Verhandlungen als auch bei Vernehmungen äußerst hilfreich. Niemand von uns fühlt sich gerne ausgeliefert und machtlos. Durch die Art der Fragen (wie und was) und die Erzeugung von Empathie für uns (wie kann ich das anstellen?) generieren wir bei unserem Gesprächspartner das Gefühl von Komplizenschaft, von Augenhöhe, ja gar von Hilfe suchen. Wenn es uns gelingt, die oben aufgeführten Fragen so zu stellen, dass wir implizit um Hilfe bitten, schafft das bei unserem Gegenüber die Illusion von Kontrolle. Und das wiederum hilft uns gut, um ihn sich sicher fühlen zu lassen – und damit offener und kooperativer zu werden.

> **Beispiel**
> - „In einer Stunde will ich die gesamte Bilanz auf dem Tisch haben!"
> - „Die gesamte Bilanz? Wie kann ich das anstellen?"

In den allermeisten Fällen merken wir selber, wenn wir mit solchen Fragen konfrontiert werden, dass unsere Forderung überzogen ist. Sogleich werden wir weicher und lenken ein. Wir tauchen empathisch in die Situation unseres Gegenübers ein – und geben meist, wenn auch nur innerlich, zu, dass unsere Forderung unrealistisch ist. Eine mögliche Weiterführung dieser Kommunikation könnte sein:

„Gut, dann nicht in einer Stunde, aber heute Abend!"

So verlieren weder wir noch unser Gegenüber unser Gesicht, ein Kompromiss ist gefunden.
Vergleichen Sie:

> **Beispiel**
> - „In einer Stunde will ich die gesamte Bilanz auf dem Tisch haben!"
> - „In einer Stunde kann ich das niemals schaffen. Warum wollen Sie das von mir? Warum fordern Sie so etwas?"
> - „Weil ich der Chef bin. Wenn Sie das nicht schaffen … Ihr Pech."

So oder so ähnlich verlaufen Gespräche nur zu oft. Die Fronten sind verhärtet. Das können wir mit „kooperativen Fragen" vermeiden.

9.6 Das Gesetz der Reziprozität

Wohltätige Organisationen senden uns gerne mitsamt dem Überweisungsträger ein kleines Geschenk per Post. Das kann ein Aufkleber, eine Postkarte oder ein Bleistift sein. Warum sie das tun? Weil das subtil an unseren Gerechtigkeitssinn appelliert. Wir bekommen schnell ein schlechtes Gewissen, wenn wir das Geschenk annehmen, dann unser „Karma" jedoch nicht ausgleichen, indem wir Geld überweisen. Wir nennen das auch das „Gesetz der Reziprozität". Und dieses Gesetz können wir sehr gut in kniffligen Gesprächssituationen nutzen.

Was passiert, wenn wir uns mit unserem Namen vorstellen? Nun, normalerweise tut unser Gegenüber dasselbe. Alles andere würde unhöflich wirken. Sie sehen: Das Gesetz greift.

Gehen wir einen Schritt weiter. Was passiert, wenn Sie von sich erzählen? Sei es von Ihrem letzten Urlaub oder

Ihren tiefsten Ängsten. Wenn Ihr Gesprächspartner sich wie die allermeisten Menschen verhält, wird er danach auch etwas von sich erzählen. Das Gesetz greift.

Wir gehen also quasi mit Informationen, mit intimen Geständnissen, mit Ängsten, Hoffnungen in Vorleistung. Unser Gegenüber öffnet sich dann unter normalen Umständen ebenfalls. Wenn wir unsere Offenheit nun zusätzlich mit Fragen verbinden, steht einem offenen Austausch im Gespräch fast nichts mehr im Weg.

> **Übrigens:** ist das Gesetz der Reziprozität auch sehr erfolgreich anwendbar in Bewerbungsgesprächen, in denen Sie der Bewerber sind. Gehen Sie in Vorleistung. Sagen Sie, was SIE dem Unternehmen bieten können, zeigen Sie, was SIE bereit wären zu „opfern" und zu erbringen. In 99 % der Fälle wird dann auch die andere Seite zu großzügigen Zugeständnisse bereit sein.

9.7 Die drei „Ja"-Arten

Oft hören wir, wir sollen „Ja" sagen und „annehmen". Für die innere Arbeit ist das vielleicht empfehlenswert, für Verhandlungen und Verhöre weniger. Zumindest wenn es ein „Ja" ohne Commitment ist. Sobald wir Ja sagen, bringt das eine gewisse Verpflichtung mit sich. Eine Verpflichtung, etwas zu tun, etwas zu akzeptieren, etwas zu befolgen, etwas oder jemandem zuzustimmen. Oft sagen wir aber nur Ja, um ein Thema, eine Unterhaltung zu beenden. Manchmal sagen wir auch nur Ja, um zu demonstrieren, dass wir verstanden haben, was wir gehört haben. Bedenken Sie das stets! So ein Ja hat noch lange nichts mit einem Ja aus ganzem Herzen und voller Überzeugung zu tun. Vor allem im Verkauf, aber auch in Geschäftsverhandlungen sollten wir ein „echtes Ja" erhalten. Die beiden anderen Arten von Ja, das „Eine-Art-von-Ja" und das „Ich-möchte-jetzt-nicht-weiterreden-Ja" bringen uns nichts. Es ist nur eine höfliche Art sich der Unterhaltung zu entziehen. Ferner setzt ein unüberzeugtes Ja unser Gegenüber nur unter inneren Druck, da er „etwas zugestimmt" hat, dem er nicht wirklich zustimmen wollte. Und das wiederum verursacht schlechte Gefühle. Und diese wiederum verschwinden niemals von alleine. Wenn nicht erkannt und adressiert, wird unser Gegenüber einen inneren Groll gegen uns hegen und uns persönlich mit seinen schlechten Gefühlen in Verbindung setzen. Und das würde einem positiven Fortschreiten der Unterhaltung, der Verhandlung oder des Verhörs leider konträr entgegenstehen.

9.8 Gedanken lesen

Bevor wir in eine Vernehmung, ein Verhör, eine Verhandlung gehen, sollten wir uns klar drüber sein, mit was wir rausgehen wollen. Doch nicht nur auf uns und unsere Seite sollten wir uns konzentrieren, sondern ebenfalls darauf, was die Gegenseite vorbringen könnte. Auch wie sie uns insgeheim sieht und einschätzt. Das alles sollten wir schonungslos zusammentragen. Unsere Stärken genau wie unsere Schwächen, Dinge, die offensichtlich sind, benennen.

Im Schauspiel reden wir gerne vom Elefanten, der im Raum steht. Ihn gilt es zu benennen. Denn er verschwindet nicht von alleine. Stattdessen zieht er die Aufmerksamkeit auf sich, solange er nicht „angesprochen" wird.

In Verhandlungen und anderen High-Stake-Gesprächen bedeutet das: Nennen Sie die Umstände beim Namen. Sie werden nicht von alleine weggehen. Wenn sie nicht benannt werden, gären sie innerlich weiter. Das gilt für Gefühle genauso wie für unausgesprochene Dinge.

Um also der Gegenseite den Wind aus den Segeln zu nehmen, können wir mit folgenden Statements starten. Sie werden sehen, dass es eine Mischung aus Labeling und Entstehenlassen einer inneren Ja-Kette ist.

- „Sie fragen sich jetzt bestimmt, warum wir uns ausgerechnet hier getroffen haben."
- „Sie denken bestimmt, ich bin total verrückt, aber …"
- „Du wunderst dich bestimmt, dass ich schon so alt bin …"
- „Es ist bestimmt ein dreister Vorschlag, aber …"
- „Sie halten mich gewiss für aufgeblasen und arrogant, aber …"
- „Du denkst dir bestimmt auch, die hat gut reden …"

Unausgesprochenes und gleichzeitig Offensichtliches werden hier angesprochen und ausgesprochen. Nicht nur sind die Widerstände und die Skepsis beim Gegenüber damit aufgebrochen, auch werden wir im Zweifelsfall sympathischer wirken nach dem Motto „Na, wenigstens merkt er es selbst …".

Dazu kommt, dass wir eine „innere Ja-Kette" beim Gegenüber erzeugen. Wir sprechen etwas aus, was unser Gegenüber (wahrscheinlich) denkt. Natürlich wird er es nicht zugeben und sagen: „Ja, richtig, ich halte Sie für aufgeblasen und arrogant!" Oder: „Ja, in der Tat wundere ich mich, dass Sie schon so alt sind!"

Allerdings haben wir eine große Chance, dass wir etwas hören wie:

„Nein, das zwar nicht, aber ..."
„Nein, nicht für aufgeblasen und arrogant, aber es ist schon ein ambitioniertes Unterfangen, was Sie da vorhaben...!"

Hier kommen wir der intrinsischen Motivation, der inneren Haltung und der ehrlichen Meinung unseres Gegenübers ein Stück weit näher. Ggf. bekommen wir an der Stelle auch weitere wichtige Informationen. Erst diese Antwort macht es möglich eine weitere, enger formulierte Frage zu stellen, wie etwa:

„Was genau finden Sie besonders ambitioniert an meinem Unterfangen?"

Die beiden weiteren Techniken greifen diese Taktik auf. Und zwar die umgekehrte Psychologie und die Kraft eines Neins.

9.9 Umgekehrte Psychologie

Eine Variante vom „Gedanken lesen" ist die umgekehrte Psychologie. Ein Beispiel:

Sie gehen an die Rezeption, weil Sie einen Late-Check-out haben möchten, und sagen: „Ich hätte gerne einen Late-Check-out." In 99 % der Fälle wird man Ihnen sagen, dass das leider nicht geht oder dass Sie dafür bezahlen müssen.

Was meinen Sie, was geschieht, wenn Sie mit folgender Aussage an die Rezeption gehen:

„Es ist mir extrem unangenehm. Ich werde Ihnen jetzt bestimmt den Tag verderben und Ihnen als unangenehmer Gast in Erinnerung bleiben ...!"

Wenn Sie so starten, wird in den Köpfen der Hotelmitarbeiter ein kleiner Katastrophenfilm ablaufen. Was wird passiert sein? Ein Magen-Darm-Infekt? Das Hotelzimmer ist abgebrannt? Was wird es sein, was so unangenehm ist und uns den Tag verdirbt?

Wenn Sie dann mit einer so nichtigen und harmlosen Forderung kommen wie einem späteren Verlassen des Zimmers, werden Sie vor lauter Erleichterung offene Türen einrennen. Probieren Sie es aus!

Diese Technik funktioniert gleichwohl in Hotels als auch in Verhandlungen und Vernehmungen.

9.10 Die Kraft des „Nein"

Normalerweise versuchen wir, ein Nein zu vermeiden. Dabei kann es für uns so hilfreich sein, wenn es nur richtig angewendet wird. Vergleichen Sie einmal folgende Unterhaltung und entscheiden Sie für sich, in welcher Sie sich als Kunde wohler fühlen würden. Die Szene: Das Telefon klingelt, und Sie gehen ran:

> **Beispiel**
> - Sie: Hallo?
> - Verkäufer: Guten Tag, haben Sie ein paar Sekunden?
> - Sie: Äh …… wie lange sind „ein paar Sekunden"? …… Und wer ist überhaupt am Telefon?

Vielleicht sagen Sie sofort „Nein", wenn Sie geistesgegenwärtig sind. Und zwar ein Nein, das Sie auch so meinen. Ob ausgesprochen oder nicht, wir gehen in den inneren Widerstand. Der Verkäufer wird es schwer haben…

Was halten Sie von folgender Variante:

> **Beispiel**
> - Sie: Hallo?
> - Verkäufer: Guten Tag, wäre es verwegen von mir, Sie um 3 Sekunden Ihrer kostbaren Zeit zu bitten?
> - Sie: Nein, nicht verwegen, aber ... Worum geht es denn?

Sofort sind wir innerlich entspannter. Drei Sekunden unserer Zeit als „verwegen" anzusehen ... so weit würden wir dann doch nicht gehen. Wir empfinden diese Aussage als taktvoll, bescheiden, ja gar demütig. Wir sagen zwar „Nein", lenken aber gleichzeitig ein. Wir fühlen uns geschmeichelt, dass unser Gesprächspartner so „empathisch" ist und unsere Zeit als wertvoll erachtet. Wir haben ein „Nein" ausgesprochen – bleiben jedoch offen und fühlen uns gleichzeitig zu nichts verpflichtet. Wir haben ja schließlich Nein gesagt ... So kann ein Nein, sind wir auf der Seite des Verkäufers, für uns kraftvoll und wertvoll sein.

Andere Beispiele, die unser Gegenüber sich öffnen und damit entspannen lassen, sind:

> **Beispiele**
> - Statt: Sind Sie damit einverstanden?
>   ... Besser: Sind Sie da anderer Meinung, wenn ich sage ...?
> - Statt: Ist das eine gute Idee?
>   ... Besser: Ist diese Idee lächerlich?

Wenn Sie einmal alle „Neins" auf die oben aufgeführten Fragen vergleichen, merken Sie vielleicht, dass das jeweils zweite Nein der Alternativfragen eine andere Qualität hat. Wenn Sie genau hinsehen und hineinfühlen, werden Sie feststellen, dass wir uns im jeweils zweiten Fall sicherer und geschützter fühlen. Es ist weniger ein Widerstands-

Nein, sondern mehr ein „Nein, aber" … Und mit einem „Nein, aber" bleiben wir im Kontakt.

9.11 Verlustängste nutzen

Ein alter Verkaufstrick und doch wirkungsvoll. Mit Knappheit werben funktioniert (fast) immer. Wir spielen bei diesem Trick psychologisch mit der Angst etwas zu verlieren oder/und zu verpassen. Diese Verlustangst sitzt in unseren ältesten Gehirnregionen, weswegen wir uns ihr kaum entziehen können.

Diese Technik funktioniert allerdings nicht nur in der Werbung und im Verkauf, sondern auch in Gesprächen, Verhandlungen und Verhören. Wenn wir (vermeintlich) vorgeben, wenn wir damit spielen, dass wir keine Angst vor einem Platzen der Verhandlung haben, werden wir in unserem Gegenüber augenblicklich ein Einlenken beobachten können. Es ist eine Art „umgekehrter Psychologie". Sind wir doch normalerweise gewöhnt, dass jemand unbedingt etwas von uns möchte oder verlangt. Wir können dann in den Rückzug gehen und sehen, wie der andere sich abmüht, uns ein ums andere Angebot zu unterbreiten. Und das gilt in beruflichen wie auch privaten romantischen Beziehungen. Wie spannend finden wir einen Menschen, wenn er plötzlich (vermeintlich) von uns ablässt, wie ungemein erstrebenswert wird eine Sache, ein Produkt, wenn wir es nicht „hinterhergeworfen" bekommen …!

Diese Mechanik können Sie sehr gut für sich und Ihr Anliegen nutzen. Sowohl in Verhandlungen, gerade auch Gehaltsverhandlungen, aber auch in Vernehmungen. Schauen wir uns einen möglichen Gesprächsverlauf anhand einer imaginären Gehaltsverhandlung an. Wir werden hier nicht nur Verlustängste nutzen, sondern auch andere besprochene Techniken anwenden. Doch zunächst ein Beispiel, wie Gehaltsgespräche „normalerweise" ablaufen:

> **Beispiel**
>
> A: Danke, dass Sie sich Zeit genommen haben. Ich möchte Sie um eine Gehaltserhöhung bitten. Ich bin ja nun schon lange bei Ihnen, von daher denke ich, ist es legitim, nach einer Erhöhung zu fragen.

Was passiert bei Ihnen, wenn Sie sich vorstellen, Sie seien der Chef bzw. Vorgesetzte?

Wenn Sie wie die meisten von uns denken, passiert Folgendes in Ihrem Kopf:

> **Beispiel**
>
> - Er/sie geht davon aus, dass es mir/der Firma finanziell gut geht. Woher will er/sie das wissen?
> - Was ist das für eine Argumentation – „Ich bin ja nun schon lange bei Ihnen"? Eine Gehaltserhöhung ist hier keine logische Konsequenz. Höchstens die Performance …

Mit diesen oder ähnlichen Gedanken sind wir bereits leicht in der Defensive, obwohl wir noch nichts gesagt haben. Ein guter Start ist so etwas nicht.

Wir sind nun einmal vor allem an uns und unseren Vorteil interessiert. Das können Sie moralisch verwerflich finden. In Verhandlungen und zwischenmenschlichen Interaktionen machen Sie es sich jedoch schwer, wenn Sie diesen Umstand außer Acht lassen! Wenn wir merken, dass unser Gegenüber unseren Vorteil im Blick hat und damit in ein Gespräch einsteigt, sind wir viel eher geneigt, freundliche Zugeständnisse zu machen, denn wir fühlen uns verstanden und gesehen. Ernst genommen, auch in unseren täglichen Herausforderungen.

Präsentieren Sie sich als Problemlöser für den anderen! Zeigen Sie Empathie für den anderen und zeigen Sie, dass Sie es wert sind, Ihre Forderungen durchzubringen.

> **Übrigens:** gilt das für beide Seiten. Wo Angestellte ihren Chef/Vorgesetzten gerne als „Ausbeuter" betrachten, sehen Vorgesetzte/Chefs ihre Angestellten gerne als egoistisch und nur am „Nehmen" interessiert. Machen Sie den Unterschied (egal auf welcher Seite) und bedenken Sie die Situation Ihres Gegenübers. Am besten als Mensch, nicht in seiner Position (Chef-Angestellter, Polizist-Angeklagter etc.).

Wie wäre folgender Einstieg?

- A: Danke, dass Sie sich Zeit genommen haben. Sie denken jetzt bestimmt, „oh nein, nicht schon wieder ein Mitarbeitergespräch" (Labeling, Gedankenlesen) und vielleicht stehle ich Ihnen gerade Zeit (Labeling, Gedankenlesen), aber tatsächlich wollte ich Ihnen einmal Danke sagen (Komplimente)! Ich fühle mich nach wie vor sehr wohl bei und mit Ihnen und bin dankbar, dass ich mit Ihnen bereits so viele tolle Erfolge erbringen konnte (Komplimente, Selbstdarstellung). Wie Sie wissen, habe ich ja den letzten Auftrag mit der Firma XY an Land ziehen können (Erfolge vorweisen, sich als Problemlöser darstellen, Legitimation für die folgende Frage vorbereiten, Gesetz der Reziprozität) und ich freue mich sehr, sowohl für unsere Firma als auch für Sie als auch für mich, dass ich den Umsatz in meiner Abteilung um … % steigern konnte. (Erfolge vorweisen, Legitimation). Das natürlich auch mit Ihrem Zutun und dank der Tatsache, dass Sie mir vertrauen (Komplimente). Würden Sie es für egoistisch und verrückt halten, wenn ich Sie um eine Gehaltserhöhung frage? (Die Kraft eines Neins, umgekehrte Psychologie)

- B: Verrückt nicht ... nein ...... es kommt darauf an. Was schwebt Ihnen denn vor?
- A: Nun, wenn ich es richtig sehe, geht es der Firma recht gut, zumindest denke ich das, wenn ich auf meine Abteilung blicke und ihre Abschlüsse – die ich natürlich gedenke auch in Zukunft zu generieren. Bitte berichtigen Sie mich, wenn dem nicht so ist. Wäre es vermessen, wenn ich um eine 20 %ige Erhöhung frage?
- B: 20 %? Also, jetzt müssen wir die Kirche mal im Dorf lassen. Der Firma geht es zwar recht gut (wichtige Information für Sie), aber 20 % ist ja schon ein Wort.
- A: Sie meinen, ich habe hier bei Ihnen keine Perspektive, mich und meine Performance zu verbessern? (Labeling, Vorbereitung der Verlustangst) Sie denken, ich bin die 20 % nicht wert? (umgekehrte Psychologie, die Kraft eines Neins)
- B: Nein, das habe ich nicht gesagt, aber 20 % sind natürlich viel.
- A: Was meinen Sie mit viel? (Was und Wie statt Warum, kalibrierte Frage)
- B: Na ja, bei 20 % reden wir ja von 30.000 € mehr im Jahr! Das muss ja erst einmal reinkommen!
- A: Sie befürchten, wir werden keine Umsatzsteigerung im kommenden Jahr erzielen? (Labeling)
- B: Doch, das denke ich schon. Trotzdem ist das viel Geld.
- A: Was schlagen Sie also vor? Wie wollen wir vorgehen? (Wie- und Was-Fragen, Illusion von Kontrolle generieren). Sollte ich mich besser wegbewerben? (Verlustangst generieren)
- B: Nein, nein, auf keinen Fall. Man muss halt mal über die Sachen reden ... Was halten Sie davon, wenn wir mit 10 % starten, wir sehen, wie Sie performen, und in drei Monaten unterhalten wir uns noch einmal.

So oder so ähnlich könnte eine geschickte Verhandlung aussehen. Versuchen Sie immer, die Perspektiven, Ängste, Nöte und Bedürfnisse des Anderen mit im Auge zu haben und sich als ProblemLÖSER, nicht als Belastung, als Liability für irgendjemanden zu präsentieren. Nur so können Sie dann auch mit der Verlustangst spielen.

9.12 (Ver)handeln

Wenn Sie geschickt waren, müssen Sie nicht mehr handeln. Sollten Sie es doch einmal müssen, stecken Sie sich bereits im Vorfeld die Summe fest, die Sie maximal bereit sind, zu bezahlen (sehen Sie sich dazu auch das „Ackerman Bargaining" System an). Und spielen Sie auch hier wieder mit dem Gedankenlesen. Appellieren Sie zudem an der Empathie Ihrer „Handelspartner". Diese müssen das Gefühl haben, dass Sie bereit sind, Ihr (vermeintlich) letztes Hemd zu geben. Dafür müssen Sie allerdings als vertrauenswürdig gelten und ehrlich wirken.

Beispiel anhand eines Tisches, der 100 € kosten soll. Sie wirken interessiert und „schlawenzeln" um das Objekt Ihrer Begierde herum.

> **Beispiel**
> - Verkäufer A: Sie interessieren sich für den Tisch?
> - Sie B: Ja, aber er liegt weit über meinem Budget.
> - A: Was ist denn Ihr Budget? Was wären Sie denn bereit zu bezahlen?
> - B: Das traue ich mich schon fast nicht zu sagen. Sie werden denken, dass es eine Frechheit ist (Labeling, Gedankenlesen).
> - A: Ok … was wäre das also, 30 €?
> - B: Nein, nein, ganz so gering ist es dann doch nicht. Ich dachte an 65 € (umgekehrte Psychologie).
> - A: Ok. Also, für 80 € könnte ich Ihnen den Tisch lassen.
> - B: Toll, das ist großartig. Ich nehme ihn.

Hier könnten Sie natürlich noch versuchen, auf 75 € runterzugehen.

Sie sehen also, in vielerlei Hinsicht können Ihnen die hier aufgeführten Techniken helfen. Wichtig ist, Ihre

Verhandlungsstrategie vorher gut aufzubauen und gut vorzubereiten.

9.13 Das F-Wort

Kennen Sie das Ultimatum Game? Soziologisch und psychologisch gesehen ist es höchst interessant, zeigt es doch auf einfache Weise, wie sehr wir „unfaires Verhalten" missbilligen. In diesem Szenario hat ein Protagonist eine gewisse Summe Geld gefunden. Er ist bereit, einen gewissen Teil, sagen wir 30 %, dem zweiten Protagonisten abzugeben. Dieser zweite ist jedoch nur mit der Hälfte, also 50 %, zufrieden, alles andere darunter erachtet er als „unfair". Nach diesem Konzept gehen wir sogar so weit und lassen lieber den gesamten Deal platzen, statt mit 30 % nach Hause zu gehen. Dabei sind 30 % doch mehr als 0 % … In unserem Kopf jedoch ist es nicht „fair" und daher erachten wir es als moralisch verwerflich. Dabei ist „Fairness" ein höchst abstrakter Begriff. Dieses Spiel – oder Experiment – zeigt jedoch: Wenn wir uns ungerecht behandelt fühlen, gehen wir willentlich und lieber mit nichts raus, als uns „über den Tisch ziehen" zu lassen. Das sollten Sie unbedingt im Hinterkopf behalten. Um kooperativ und offen zu bleiben, müssen wir uns fair behandelt fühlen.

Das Wort „fair" benutzen wir daher vor allem, wenn wir uns ungerecht behandelt, wenn wir uns in die Ecke gedrängt fühlen. Wir sagen dann: „Das ist nicht fair!" Gleichzeitig drückt es eine gewisse Ohnmacht aus, gibt es doch kein Grundrecht auf Fairness in der Welt.

Dies wissend können wir das Konzept „Fairness" also auch umgekehrt nutzen. Solange sich unser Gegenüber fair behandelt fühlt, wird er den Deal weiterführen. Er wird sogar in einen schlechten Handel einwilligen, solange er sich fair behandelt fühlt.

Wenn nun in Verhandlungen das Wort „fair" zum Zuge kommt, ist es meistens, um einen eigenen Vorteil zu generieren und kurzzeitig zu manipulieren. Es findet sich in Aussagen wie:

> **Beispiele**
> - „Ich will nur, was mir zusteht, was fair ist."
> - „Ich mache Ihnen ein faires Angebot."
> - „Ich will nur ein faires Angebot."

Allen Aussagen jedoch liegt ein „Geschmäckle" zugrunde, impliziert es doch, dass hier etwas nicht fair sein könnte oder gar ist – oder der andere (womöglich) nicht fair handelt. In allen Fällen wird das mit uns in Resonanz gehen, denn, wie oben gezeigt, ist uns das Konzept von Fairness sehr wichtig. Wir wollen auf keinen Fall als unfair dastehen.

Somit kann das Wort „fair" also gut als Manipulationstechnik angewendet werden. Es appelliert unterschwellig an unsere Integrität, an unsere moralisch weiße Weste.

Steuern Sie dieser Manipulation entgegen, indem Sie proaktiv mit dieser Vokabel umgehen. Bringt Ihr Gegenüber das Konzept „fair" ins Spiel, antworten Sie so etwas wie:

„Natürlich möchte ich fair mit Ihnen sein! Sollte Ihnen etwas unfair vorkommen, sagen Sie mir bitte, was es ist. So können wir noch einmal in Verhandlung gehen. Ich möchte, dass Sie sich gut mit allem fühlen."

„War ich unfair? Lassen Sie mich bitte wissen, wo bzw. wann das war!"

So entziehen Sie dem subtilen Vorwurf der Unfairness den Boden und können direkt für Klärung sorgen – nicht zuletzt für Ihren guten Namen.

9.14 Komplimente

Wir alle sehen uns gerne als großzügig, geduldig, weise, integer und moralisch gefestigt. Aus diesem Grund sind wir auch allen Komplimenten gegenüber sehr offen. Wir baden uns darin, wenn uns jemand Komplimente macht. Daher eignen sie sich auch so gut zu manipulativen Zwecken (siehe weiter oben). Macht uns jemand Komplimente, geht unser Schutzschild automatisch runter. Wir öffnen uns, vertrauen, finden unser Gegenüber sympathisch – allein, weil er uns offenbar ebenfalls sympathisch findet.

Nutzen Sie daher Komplimente, um Ihr Gegenüber sich sicher und wohl fühlen zu lassen. Dabei sollten Ihre Komplimente ernst gemeint sein und wohldosiert eingesetzt werden. Sind sie zu dick aufgetragen, wirken sie sehr schnell sehr unaufrichtig (was sie dann in den meisten Fällen ja auch sind).

Ob Sie Komplimente aufrichtig oder für unlautere Zwecke nutzen, sei Ihnen überlassen. Funktionieren tun sie – fast immer!

Eine besondere Form der Komplimente ist das Loben. Und diese Form können Sie sehr gut in Verhandlungen und Vernehmungen anwenden. Loben Sie Ihr Gegenüber für das kooperative Verhalten, für die angenehmen Gespräche, für die schnellen und einfachen Lösungen.

Komplimente eignen sich besonders zum Gesprächsbeginn. Hier sorgen Sie für einen positiven Einstieg. Sie eignen sich jedoch mindestens genauso gut zum Ende eines jeden Gespräches. So bleibt ein guter Eindruck. Doch dazu später mehr.

9.15 Aktives Zuhören

Geben wir es zu. Wir alle tun uns schwer mit Zuhören. Zu gerne sprechen wir über uns selber. Und wenn wir zuhören, dann sind wir im Kopf schon wieder damit beschäftigt, uns eine geistreiche Antwort zu überlegen; oder auch damit, was das Thema mit uns zu tun hat. Sie können daher besonders gut und einfach punkten, wenn Sie tatsächlich ein guter Zuhörer sind. Wie oben bereits beschrieben, lieben wir

- es, über uns selber zu sprechen,
- Themen, die mit uns zu tun haben,
- Lösungen, die uns das Leben vereinfachen.

Und daher lieben wir Menschen, die uns sehen, anerkennen, verstehen und versuchen, uns unser Leben zu erleichtern.

Wenn Sie also zu der seltenen Spezies gehören, die tatsächlich aktiv zuhören kann, ist das Gold wert.

Von der Sache her sollen Ihnen alle die hier aufgeführten Techniken helfen, diese Fähigkeit zu verbessern bzw. zu perfektionieren. Wenn Sie es schaffen, sich für einige Minuten zurückzunehmen, und Sie wirklich versuchen, Ihren Gesprächspartner zu verstehen und die Welt durch seine Brille zu sehen (siehe auch Mirroring, VAK und Perspektiven), werden Sie wertvolle Informationen von Ihrem Gesprächspartner erhalten, die den Allerwenigsten vorbehalten sind.

Vor allem bei hitzigen Debatten und Diskussionen sollten Sie zuallererst Ihr Gegenüber aussprechen lassen – und ihm damit die Möglichkeit zu geben, die negativen Gefühle abfließen zu lassen. Sodann könnten Sie mit dem Labeling, also Etikettieren, beginnen und versuchen, Ihr Gegenüber besser zu verstehen. Alleine das wirkt meist Wunder.

Wut hat viel mit Angst und Ohnmacht zu tun. Wenn wir unserem Gegenüber in einer solchen Situation mit aktiven Rückfragen versuchen zu zeigen, dass wir ihn verstehen wollen wirkt alleine das schon beruhigend. Wenn Sie dann noch Ihre sonore Late-Night-DJ-Voice zum Einsatz bringen und beruhigend sprechen, haben Sie die brenzlige Situation eigentlich schon gemeistert.

9.16 Der erste Eindruck zählt – der letzte bleibt: Positives Enden

Wie gerne haben wir doch das letzte Wort! Gerade bei hitzigen Debatten lieben wir es, „noch einen drauf" zu setzen. Wir möchten halt als Sieger aus der Schlacht hervorgehen. Und bereits aus der Wortwahl entnehmen Sie, wie wir solche „Wortgefechte" sehen. Als Kämpfe. Wie wäre es jedoch – und ich hoffe, dabei hat Sie dieses Buch ermutigt – Ihren Gesprächspartner auch als solchen zu sehen: als „Partner"?

Bedenken Sie immer, dass wir alle Menschen sind, wir alle haben unsere Ängste, Nöte und Herausforderungen. Wir alle tragen Masken, wir alle haben unsere Strategien entwickelt, wie wir unsere Schwächen und Kernkränkungen verstecken. Die einen erfolgreicher als die anderen.

Was zählt ein Gewinnen der Schlacht, wenn Sie den Krieg verlieren? Und auch hier sehen wir bereits die Drastik in unserer Sprache. Versuchen Sie doch einmal, statt des letzten Wortes das „letzte Kompliment" zu haben. Nicht nur sorgt das bei Ihrem Gegenüber für Überraschung. Wir sind das oft nicht gewohnt. Es sorgt auch dafür, dass Sie als Mensch in guter Erinnerung bleiben. Denken Sie immer daran, dass wir nie das Produkt kaufen, immer jedoch beim Menschen. Machen Sie es sich zur Pflicht, ein jedes Gespräch, eine jede Verhandlung positiv enden zu lassen. Sie werden begeistert sein, wie einfach und positiv sich dann die weiteren Treffen anlassen.

Je kniffliger die Verhandlung war, desto leichter und positiver sollte das Ende sein. Abgesehen von Komplimenten (siehe auch „Komplimente" weiter oben) und Lob eignen sich ebenfalls angenehme Small-Talk-Themen. Stellen Sie zu guter Letzt noch eine Frage dazu, wann es das nächste Mal wieder in den Ski-Urlaub geht, oder wo man besonders gut Nudeln in der Stadt essen kann. Was immer es ist, es sollte bei Ihrem Gegenüber positive Konnotationen im Kopf entstehen lassen.

Schließen möchte ich hierzu mit dem alten Sprichwort: „Wie du kommst gegangen, so wirst du empfangen!" Denken Sie immer daran!

Literatur

Greene, R. (2015). 48 Laws of Power. High Bridge.

Kmenta, R. (2022) Gut gefragt ist halb verkauft. Erfolgreich verkaufen mit psychologischen Fragetechniken. Der Leitfaden für Verkäufer, Key-Account-Manager und Führungskräfte im Verkauf. VoV Media.

Kmenta, R. (2021). Die letzten Geheimnisse im Verkauf. Die beinahe wahre Erfolgsgeschichte eines Verkäufers, der verkaufen völlig neu lernt. High-End-Strategien für Vertrieb und Kommunikation aus NLP & Psychologie. VoV Media.

Lieberman, M. Et al. (2007). Putting feelings into words. Affect labeling disrupts amygdala activity in response to affective stimuli. Psychol. Sci. https://pubmed.ncbi.nlm.nih.gov/17576282/

Nadeau, P. (2021). The Badass Guide to Conflict Resolution. How to turn conflict into opportunity. J. Paul Nadeau Publishing Inc.

Schulz, J. (2023). Systemische Fragetechniken und ihre machtvolle Anwendung. Independently Published.

Voss, C. & Raz, T. (2017). Never split the difference. Negotiating as if your life depended on it. Random House Business.

Teil IV
Kernkränkungen

Wir alle haben unsere kleinen oder größeren Traumata erlebt, unsere Schürfwunden und Beulen erlitten und geheilt. Teilweise gut, teilweise weniger gut. So haben wir über die Jahre bestimmte Coping Mechanisms, Bewältigungsstrategien, erarbeitet und uns zurechtgelegt. Diese helfen uns. Teilweise gut, teilweise weniger gut. Es sind „Kernkränkungen", wie ich sie gerne nenne. Denn eines haben diese Erfahrungen gemeinsam: Sie waren unschön. Und irgendwann in jungen Jahren haben wir insgeheim beschlossen, dass uns das nie mehr passiert! Diese Ohnmacht, die Schuld, die Scham, die Wut, das Übergangenwerden. Und um diese Kernkränkungen zu heilen (teilweise gut, teilweise weniger gut), haben wir uns unsere Bewältigungsstrategien erarbeitet. Es sind diese, unsere Verletzlichkeiten, die wir übertünchen möchten.

10
Verletzlichkeiten und versteckte Ängste

Auf der Landkarte der Verletzlichkeiten und versteckten Ängste finden wir uns alle irgendwo. Wir alle sind in gewisser Hinsicht bedürftig und versuchen das, was wir, meist in der Kindheit, zu wenig für unseren Geschmack genießen durften, in späteren Jahren zu kompensieren. Das ist nicht gut oder schlecht, sondern menschlich. Spätestens hier schließt sich wieder der Kreis zum anfänglich erwähnten Zugang zu den Menschen: Versuchen Sie sie nicht als „kaputt" oder „doof" anzusehen, sondern als anders, als Fakt. Gleichzeitig hilft es Ihnen, Ihre Mitmenschen besser anzupacken, wenn Sie um ihre Verletzlichkeit wissen. Und diese Verletzlichkeiten drehen sich fast immer um folgende versteckte Ängste:

10.1 (Keine) Bedeutung haben

Das Gegenteil von Liebe ist nicht Hass, sondern Gleichgültigkeit. Diesen Satz haben Sie vielleicht auch schon einmal gehört. Nichts ist so schlimm für uns, wie ignoriert zu werden. Ignoranz und Gleichgültigkeit stehen für „keine Bedeutung haben". Diese ist aber wichtig für uns als soziale Wesen, wollen wir doch in Resonanz gehen mit unseren Mitmenschen. Am besten natürlich in positive. Doch bekommen wir keine positive, nehmen wir lieber die negative. Alles ist eben besser, als gar keine zu bekommen. Hierunter fällt auch ein typisches Phänomen: das Klagen. Als „Opfer" bekommen wir zumindest Mitleid, was wir gerne mitnehmen, ist es doch auch eine Art der Aufmerksamkeit (und damit Bedeutung), wenngleich auch eher eine negative.

Die dahinterliegenden Ängste, die eigentlich immer aus der Kindheit stammen, lauten: verlassen zu sein/werden, ignoriert zu werden, sich klein/ohnmächtig/unwichtig zu fühlen, unzulänglich zu sein, „nicht richtig" zu sein.

10.2 (Keine) Anerkennung bekommen

Hand in Hand mit der Bedeutung geht die Anerkennung. Haben wir wenig Bedeutung bekommen, versuchen wir uns Anerkennung „zu erarbeiten". Sei es durch unseren Beruf oder/und finanzielle Errungenschaften. Auch die Partnerwahl kann hierunter fallen. Wir wollen Respekt, wir wollen ernst genommen werden, „gesehen" werden. Eine weitere Art, wie wir versuchen, Anerkennung zu erlangen, ist durch unsere (vermeintliche) Intelligenz, Schönheit, Perfektion.

Wo der, der um Bedeutung ringt, auch zur Not zum Klagen greift, würde der unter diese Kategorie fallende Mensch eher zum Protzen neigen. Er nimmt lieber den Neid als das Mitleid in der negativen Form der Aufmerksamkeit.

Die dahinterliegenden Ängste lauten: siehe oben, zusätzlich: Lob/Liebe nur durch Errungenschaften zu bekommen, verachtet zu werden, missbilligt zu werden.

10.3 (Nicht) akzeptiert sein

Nicht akzeptiert zu sein, oder sich so zu fühlen, geht stark mit einer sozialen Komponente einher. Wenn wir uns in unserer Kindheit nicht angenommen gefühlt haben, wenn wir in unserer Peergroup, in der Klasse unbeliebt waren, in der Familie das berühmte „schwarze Schaf", hinterlässt das Spuren. Wir fühlen uns nicht verbunden. Das ist jedoch ein Urbedürfnis von uns.

Die dahinterliegenden Ängste lauten: soziale Ablehnung, Tratsch, Ausgrenzung, Lächerlichkeit.

> **Übrigens:** Auch für Sie persönlich ist es sehr wertvoll, um Ihre Verletzlichkeiten zu wissen, sind diese doch gleichzeitig Ihre Schwächen. Wenn Sie um Ihre Schwächen und Empfindlichkeiten wissen, wird es schwieriger sein, Sie zu manipulieren und Sie mit genau diesen Empfindlichkeiten zu „kriegen".

Welche Bewältigungsstrategien haben wir uns nun gemeinhin zurechtgelegt?

Literatur

Greene, R. (2015). 48 Laws of Power. High Bridge.

Hughes, C. (2020). Six-Minute X-Ray. Rapid Behavior Profiling. Evergreen Press.

Lapp, S., (2022). Das große Handbuch für den systemischen NLP-Practitioner & Coach, Werdewelt Verlags- und Medienhaus.

Maslow, A. H. (2018). A Theory of Human Motivation. Wilder Publications.

# 11

Bewältigungsstrategien

Um die Gefühle von Angst, Ohnmacht, Schuld und Scham nicht mehr fühlen zu müssen, haben wir uns Bewältigungsstrategien angeeignet. Diese sollen uns davor schützen, uns klein und unzulänglich zu fühlen. Gleichzeitig funktionieren diese Strategien nur bedingt gut, da die Gefühle dahinter ja nach wie vor lauern und in uns vorhanden sind.

Für uns und unsere „read & lead the room"-Arbeit ist also sehr bedeutsam, diese Strategien zu erkennen, da wir so unseren Kommunikationspartner in beide Richtungen lenken können. Wenn wir um die tiefsten Ängste wissen und damit genau die Bedürfnisse erahnen, die „Stärken", für die unser Gegenüber bewundert werden möchte, haben wir ein machtvolles Instrument in unseren Händen. Wir können unser Gegenüber abholen und beruhigen, wir können diesen Menschen aber auch mit Leichtigkeit hierüber manipulieren.

Was sind nun die gängigsten Bewältigungsstrategien, die vermeintlichen „Stärken", für die wir gerne anerkannt werden, die wir gerne „haben" möchten?

11.1 Macht

Wer einmal starke Ohnmacht gefühlt hat, möchte das vermeiden. Und strebt nach Macht. Und wer Macht in Händen hat, möchte diese nicht mehr abgeben. Macht ist ein gutes Mittel, um alle oben aufgeführten Ängste nicht mehr fühlen zu müssen. Es gibt uns ein Gefühl der Erhabenheit und Wichtigkeit. Gleichzeitig lässt Macht unsere (unbewussten) Rachegelüste ruhen. Je nachdem wie stark der Bewältigungsdrang geht, sind hier auch sadistische Tendenzen anzutreffen.

Wenn Sie mit einem Macht-Menschen zu tun haben, haben Sie bitte im Hinterkopf, dass seine Kernkränkung Ohnmacht ist. Dieses Gefühl versucht er, um jeden Preis zu vermeiden. Nicht nur möchte er sich seinen Mitmenschen überlegen fühlen und wichtig sein, auch möchte er sie kontrollieren, gibt ihm das doch Sicherheit. In Verhandlungen sollten Sie also vermeiden, diesem Menschen seine Ohnmacht bzw. Ihre Übermacht spüren zu lassen. Bei ihm funktioniert die Taktik der „(vermeintlichen) Kontrolle behalten" am besten.

11.2 Kontrolle

Bei der Strategie „Kontrolle" gibt es, genau genommen, zwei Unterarten. Es gibt die Kontrolle über die Mitmenschen, die bei einem Macht-Menschen anzutreffen ist. Ferner wird die Strategie „Kontrolle" aber auch von Sicherheitsmenschen angewendet. Es wird versucht, durch Kontrolle Ordnung ins Leben zu bekommen. Wenn die Welt damals

als instabil und unberechenbar wahrgenommen wurde, ist nun ein starkes Bedürfnis nach Stabilität und Sicherheit da. Wer Verlassensängste kennt, kennt gleichzeitig den Wunsch nach Sicherheit. Bei diesen Menschen können Sie bspw. beobachten, dass viele Listen angefertigt werden, er feste Deadlines benötigt und/oder generell viele Absprachen mit Ihnen benötigt, um diese Sicherheit zu spüren.

Wenn Sie mit einem Sicherheitsmenschen interagieren, vergessen Sie nie den Wunsch von ihm nach Sicherheit und Stabilität. Er braucht quasi Garantien. Gleichzeitig möchte er für sein Organisationstalent und seine Fähigkeit zu Übersicht anerkannt werden.

11.3 Intelligenz

Sozial lächerlich gemacht worden zu sein, der Außenseiter oder Underdog gewesen zu sein, nicht dazuzugehören, kann eine weitere Strategie hervorgebracht haben: die der Intelligenz. Dieser Mensch versucht die Welt durch seine geistigen Fähigkeiten zu verstehen und zu begreifen. Er möchte geistig überlegen sein und anderen Menschen gerne „die Welt erklären". Es ist seine Art, Sicherheit zu fühlen und Macht über seine Mitmenschen auszuüben. Auch hat er gute Chancen über sein Wissen die Bewunderung seiner Mitmenschen zu bekommen.

Dieser Mensch möchte für sein Wissen und seine geistige Überlegenheit anerkannt werden. In der Interaktion mit einem solchen Menschen haben Sie das bitte im Hinterkopf.

11.4 Schönheit

Abgelehntheit und damit Ohnmachtsgefühle können auch durch äußere Schönheit und Perfektion umgangen werden. Wir sprechen in diesem Zusammenhang nicht von natürlicher Attraktivität, sondern von gewählten Bewältigungsstrategien. Es können also Menschen sein, die durch besondere Fitness, künstliche Schönheit, stets perfektes Styling und besonders modebewusstes Auftreten auffallen möchten. Der Gedanke dahinter: Wir alle bewundern schöne Menschen und umgeben uns gerne mit ihnen. Auch in der Partnerauswahl ist Schönheit ein großes Plus. Das weiß der Schönheitsmensch. Dem Schönheitsmenschen geht es vielleicht nicht so sehr um geistige Stärke und Überlegenheit, sondern vielleicht eher darum, als harmlos, vielleicht sogar als „Opfer" wahrgenommen zu werden. Vielleicht aber auch genau umgekehrt. (Künstliche) Schönheit gepaart mit Intelligenz kann eine ganz besondere Strategie sein, sozusagen eine Doppelstrategie.

Der Schönheitsmensch hat ggf. Ablehnung, vielleicht Hänseleien und Mobbing erlebt. Diese soziale Ausgrenzung möchte er nicht mehr erleben. Vielleicht hat er auch gelernt, dass Schönheit Erfolg versprechen kann – und hat sich daher für diese Strategie entschieden. Das ist des Öfteren im Medien- und Modebereich zu beobachten.

Ein Mensch mit dieser Bewältigungsstrategie möchte für seine äußere Schönheit und (vermeintliche) Perfektion anerkannt und bewundert werden.

11.5 Stärke

Eine weitere Strategie ist die der Stärke. Als Kind eher schwach und/oder emotional verletzt worden zu sein, kann einen Menschen zu dieser Strategie greifen lassen. Er möchte das Gefühl der Schwäche, der Unzulänglichkeit und/oder der Verletztheit nicht mehr erleben.

Die angeeignete Stärke kann eine körperliche sein oder eine seelische. Oder beides. Gefühlsausbrüche werden bei diesem Menschen eher als Schwäche angesehen. Er gibt sich seelisch und emotional als „cool". In seiner äußeren Erscheinung ist er der Tough Boy bzw. die Tough Lady.

Dieser Mensch möchte für seine Coolness und/oder körperliche Stärke anerkannt werden.

11.6 Opferrolle

Ohnmacht und fehlende Anerkennung können sich im späteren Leben in Form von Klagen widerspiegeln. Die „Opferrolle" wird übernommen. Man fühlt sich überwältigt und den anderen ausgeliefert.

Menschen mit dieser Bewältigungsstrategie möchten aufgrund ihrer Schwierigkeiten und des Aufbringens eines oder gleich mehrerer „Opfer" bewundert bzw. beachtet werden. Sie sind, im Gegensatz zum Macht- und Stärke-Mensch, in die Schwäche gegangen und möchten bemitleidet werden.

Dieser Mensch möchte für die (vermeintlich) widrigen Umstände anerkannt werden, denen er sich konfrontiert sieht und mit denen er kämpfen muss.

Zur Erläuterung: Bitte beachten Sie bei diesen Ausführungen, dass es sich weder um psychologisch wissenschaftliche Zuordnungen handelt, noch dass jeder Mensch auf jeden Fall in diese oder jene Kategorie zu stecken ist. So wie jedes Menschenleben anders verläuft, sind sämtliche gemachte Erfahrungen höchst individuell. Auch die daraus entstehenden Kernkränkungen bzw. Bewältigungsstrategien können individuell anders ausfallen. In vielen Fällen jedoch helfen Sie wunderbar, um Menschen besser einschätzen zu können. Bedenken Sie ebenso, dass es meistens Mischtypen gibt. Wir bedienen uns in den meisten Fällen einer bis zwei Strategien, oftmals auch je nach Kontext mehrerer. Ja, auch hier ist der Context wieder key!

Die Kernkränkungen und die damit einhergehenden Bewältigungsstrategien können auf keinen Fall sämtliche menschliche Nöte, Wünsche und Bedürfnisse abbilden. Gleichzeitig ermöglichen sie uns eine erste gute Einschätzung, um dann unsere Kommunikationsstrategie auf diesen Menschen abzustimmen. Im Folgenden einige Beispiele, um ein mögliches Vorgehen zu skizzieren.

Szenario 1

Sie sind in Verhandlungen mit einer anderen Firma. Der Entscheider der anderen Firma ist ein Mensch, den Sie eindeutig in die Kategorie „Macht-Mensch" einordnen. Ihre Delegation hat in vorherigen Verhandlungen vor allem klarmachen wollen, dass Ihre Firma die größere und umsatzstärkere von beiden ist, weswegen Ihre Firma die Weichen vorgeben sollte. Sie erkennen, dass das nicht der Weg sein kann. Da Sie wissen, dass solch ein Mensch sich erhaben und wichtig fühlen möchte, passen Sie Ihre Kommunikationsstrategie entsprechend an. Sie sind schmeichelhaft und erklären, warum Sie an gemeinsamen Geschäften so interessiert sind, und malen Zukunftsszenarien, wie beide Firmen von den Geschäften profitieren können. Im Falle der anderen Firma sollten diese Profite vor allem mögliche Expansion, finanzielle Gewinne und besseres Image betreffen. Sie fragen aktiv nach Vorgehensstrategien, um der anderen Seite das Gefühl von „Macht" (und damit Sicherheit) zu geben.

Szenario 2

Vor dem Verhör eines Straftäters sehen Sie sich das Social-Media-Profil des vermeintlichen Täters an und sehen, dass dieser als Bewältigungsstrategie eindeutig „Stärke" gewählt hat. Die vorherigen Beamten haben versucht, ihn „auf seinen Platz" zu verweisen, ihm seine missliche Situation vor Augen zu führen und mögliche

Konsequenzen aufzuzeigen, sollte er nicht kollaborieren wollen. Damit haben sie auf Granit gebissen. Sie hingegen passen Ihre Strategie an und gehen mit einer besonderen Ruhe und Gelassenheit in den Raum. Sie berichten von körperlich und/oder mental starken Menschen, die Sie bewundern, und scheuen auch nicht, Ihrem Gegenüber (vermeintliche) Komplimente auszusprechen. Sie lassen ihm seine Stärke und stellen diese nicht in Frage. Er entspannt sich und wiegt sich in dem Glauben, dass er derjenige ist, der entscheidet, in welche Richtung das Gespräch läuft. Wenn es Ihnen gelingt, Ihre Bewunderung für starke Menschen glaubhaft zu kommunizieren und damit Attribute wie Integrität, Loyalität und Ehrenhaftigkeit zu verbinden, haben Sie eine durchaus höhere Chance, ein Geständnis zu erlangen.

Szenario 3

Sie sind in Verhandlungen über einen Abschluss, der mehrere Millionen Euro beträgt. Sie haben Ihren Klienten als einen Menschen identifiziert mit der versteckten Angst, nicht akzeptiert zu sein. Diese Angst möchte er nicht mehr erleben und hat sich als Strategie die „Opferrolle" ausgesucht. Die Vorzüge, die ein Kauf für ihn mit sich bringen würde, wären natürlich soziale Anerkennung und wie toll er vor „den anderen" dastehen würde. Es gibt aber auch die negative Seite, die ein Kauf mit sich bringen könnte. Das wären möglicher Tratsch und sich der Lächerlichkeit preisgeben. Er klagt und berichtet über andere sowie über für ihn schlimme Dinge, die ihm in seinem Leben passiert sind. Da Sie um diese Kernangst bei Ihrem Klienten wissen, hören Sie geduldig zu und nehmen dieses „Klagen" ernst. Mit entsprechenden Fragetechniken (siehe weiter oben im Buch) können Sie die Argumente für einen Kauf entsprechend um diese Ängste aufbereiten. Sie können im Vorfeld Argumente sammeln, die diese Ängste entkräften.

Das Erkennen von Ängsten und Bedürfnissen ist eines der machtvollsten Instrumente im Human Behavior. Wenn es Ihnen gelingt, schnell die „Strickart" Ihres Gegenübers zu identifizieren, haben Sie einen nahezu unfairen Vorteil Ihren Mitmenschen gegenüber. Es wird Ihnen damit sehr einfach fallen, Menschen gar nicht erst in einen der drei F-Zustände zu bringen (Fight, Flight, Freeze), sondern im Gegenteil, sie zu entspannen und sich sicher fühlen zu lassen. Das wird sie zugänglich bleiben lassen und ihnen helfen, Ihnen zu vertrauen.

Literatur

Greene, R. (2015). 48 Laws of Power. High Bridge

Hughes, C. (2020). Six-Minute X-Ray. Rapid Behavior Profiling. Evergreen Press.

Lapp, S., (2022). Das große Handbuch für den systemischen NLP-Practitioner & Coach, Werdewelt Verlags- und Medienhaus.

Maslow, A. H. (2018). A Theory of Human Motivation. Wilder Publications.

Nachwort

Dieses Buch hat Ihnen eine ganze Reihe an Techniken aufgezeigt. Diese sollen Ihnen dazu dienen, zu erkennen, was mit Ihnen gerade „gemacht" wird, und, ob Sie gerade manipuliert werden. Gleichzeitig sollen Sie in der Lage sein, Ihre Kommunikationskompetenzen zu erweitern und neue Dinge auszuprobieren. Wichtig ist mir immer zu betonen, dass wir keine Opfer sind und uns nicht diversen Gesprächssituationen oder -partnern ausgeliefert fühlen müssen. Wir haben jederzeit die Möglichkeit, Machtspiele, Manipulationen und Gespräche zu lenken und damit UM-zulenken.

Dieses Buch soll Sie ebenfalls öffnen für die Idee, dass wir nie in wirklichen B2B-Situationen sind. Egal ob im Sales Pitch, der Verhandlung oder dem Verhör. Wir sind immer in H2H-Situationen. Human to human. Vergessen Sie das nie. Bestenfalls hilft Ihnen das Buch, Ihre Mitmenschen besser zu verstehen und mit ihnen umzugehen.

© Der/die Herausgeber bzw. der/die Autor(en), exklusiv lizenziert an Springer Fachmedien Wiesbaden GmbH, ein Teil von Springer Nature 2023
I. Hoelter, *Auf den Punkt und zwischen den Zeilen*,
https://doi.org/10.1007/978-3-658-42437-4

Nachwort

Wir sind in vielerlei Hinsicht ähnlich, aber eben nicht gleich.

Haben Sie den Mut, sich ganz auf Ihren Kommunikationspartner einzulassen. Quasi in ihn einzutauchen. Es wird Ihnen nur so möglich sein, ihn zu verstehen und damit die entsprechend passenden Techniken anzuwenden. Es wird Ihnen gleichzeitig helfen, Ihre Mitmenschen besser empathisch zu begreifen. Es ermächtigt Sie.

Trauen Sie sich, nicht nur genau zu beobachten, was nonverbal vor sich geht, sondern auch verbal. Worte präzise und akkurat anzuwenden ist eine Kunst. Und Worte sind nicht nur Kunst, sondern auch Macht. Wenn Sie nicht nur machtvoll, sondern gleichzeitig kunstvoll mit Worten umzugehen wissen, halten Sie Ihren (Verhandlungs-)Erfolg quasi schon in Händen. Ich hoffe, dieses Buch hilft Ihnen dabei.

Danksagung

Mein Dank geht an all die Body Language Experts aus den USA, die mich in meiner Arbeit inspirieren, als da – unter vielen anderen – vor allem wären Chase Hughes und Joe Navarro; an Carsten Stopka und Mayk Fläming für ihre unkonventionelle Unterstützung unter südlicher Sonne bei der Namensgebung dieses Buches; meinen Lieblingsmenschen Manou, dafür, dass ich ihn in meinem Leben habe und natürlich, last but not least, meinen vielen tollen Klienten dafür, dass sie sich für meine Arbeit interessieren, meine Unterstützung suchen und sich damit auf einen spannenden Weg machen. Danke.

SPRINGER NATURE

GPSR Compliance

The European Union's (EU) General Product Safety Regulation (GPSR) is a set of rules that requires consumer products to be safe and our obligations to ensure this.

If you have any concerns about our products, you can contact us on ProductSafety@springernature.com

In case Publisher is established outside the EU, the EU authorized representative is:

Springer Nature Customer Service Center GmbH
Europaplatz 3
69115 Heidelberg, Germany

The manufacturer's authorised representative in the EU is Springer Nature Customer Service Centre GmbH, Europaplatz 3, 69115 Heidelberg, Germany. If you have any concerns regarding our products, please contact ProductSafety@springernature.com

Printed and bound by CPI Group (UK) Ltd, Croydon, CR0 4YY
25/03/2026
02078185-0001